# 讲给孩子的
# 妙趣中国史 ⑩

姜天一 著

天津出版传媒集团
天津人民出版社

第18章

# 奠定版图的清朝

## 257 湘军的崛起

各位同学，大家好，我就是那个人见人爱、花见花开、车见车爆胎的姜 sir。

大家好，我就是那个负责问问题的小 Q 同学。

**姜 sir**：上节我们说到，曾国藩得罪了咸丰皇帝。其实他得罪的人不仅有皇帝，还有当时的一些大人物，他后来回忆说："我早年在北京的时候，专门爱批评大人物。"

**小 Q**：幸亏我知道他后来成功了，要不然真替他担忧。

**姜 sir**：1852 年，朝廷派曾国藩出任江西乡试正考官。去江西做官的途中，曾国藩却接到母亲去世的消息。此时，太平天国的势力越来越大，咸丰皇帝命各地在籍官员在家中兴办"团练"，守孝在家的曾国藩也接到了命令。当时太平军虽已撤离湖南，形势却依然严峻。当地类似于早期太平天国的土匪势力很多，所以皇帝给曾国藩的命令是以"剿匪"为首要任务。曾国藩把全省各地民间团练武装召集到一起训练，然后四处清剿土匪。不到一年，就解决了匪患问题。接着就开始解决治安问题，什么地痞流氓小偷之类的，曾国藩根本都不判刑，直接杀。

小Q：这也太狠了。

姜sir：为了尽快将湖南的局势稳定住，曾国藩成了"曾剃头"。他可不是只吓唬吓唬人，他是真杀头。解决了治安问题，曾国藩要开始他的下一步计划了，他要创建一支崭新的军队——湘军。

小Q：为什么叫湘军？

姜sir：湖南的简称是"湘"，因为省内最大河流湘江流贯南北。湘江可以说是湖南的母亲河。湘军的出现，是曾国藩人生中的一件大事，也是中国近代史上的一件大事。建立这支军队是很冒险的，毕竟皇帝只让他团练地方武装，但曾国藩知道，这种地方团练，根本挡不住太平军，必须建立一支强大的军队。

小Q：可皇帝能批准吗？

姜sir：皇帝批不批准曾国藩都必须去做，哪怕冒着生命危险也要做，因为他必须消灭太平军，一定不能让太平天国危及清朝。

小Q：为什么呢？感觉谁当皇帝对曾国藩影响都不大。

姜sir：曾国藩要消灭太平天国是有原因的。当时洪秀全的拜上帝教是受西方基督教的影响，说上帝是唯一的神，人人应拜上帝。洪秀全还说中国儒家文化经典都是"妖书"，要将一切孔孟诸子百家的妖书邪说全部烧掉。

小Q：原来建湘军，不是为了自己的势力。可是一个汉人要自创一支军队来取代国家军队，这肯定不能让皇帝知道吧？

姜sir：曾国藩当时说的是，他准备在长沙建立一个民团，不过规模稍微大一些，叫作"大团"。而咸丰哪有心思合计这事，就直接同意了。于是，曾国藩就走上了建立湘军的道路。他还组建水军，用战船在长江上防御太平军。

小Q：钱从哪儿来呢？

姜sir：办团练国家是不给钱的，只能自己去想办法。曾国藩四处求有钱人捐钱，但并不是所有人都支持他。没办法，只能强行募捐了，你捐也得捐，不捐也得捐，我的军队等不起。但即使这样，在太平军占领南京的时候，曾国藩的湘军也没有完全地训练好，咸丰不停地催曾国藩出兵，都被曾国藩以各种理由推托了。

小Q：没准备好，出去不也没用吗？

姜sir：咸丰当时没把曾国藩军队太当回事儿。但曾国藩却认为，他手中这支新的军队是天下全部的希望，不能随便

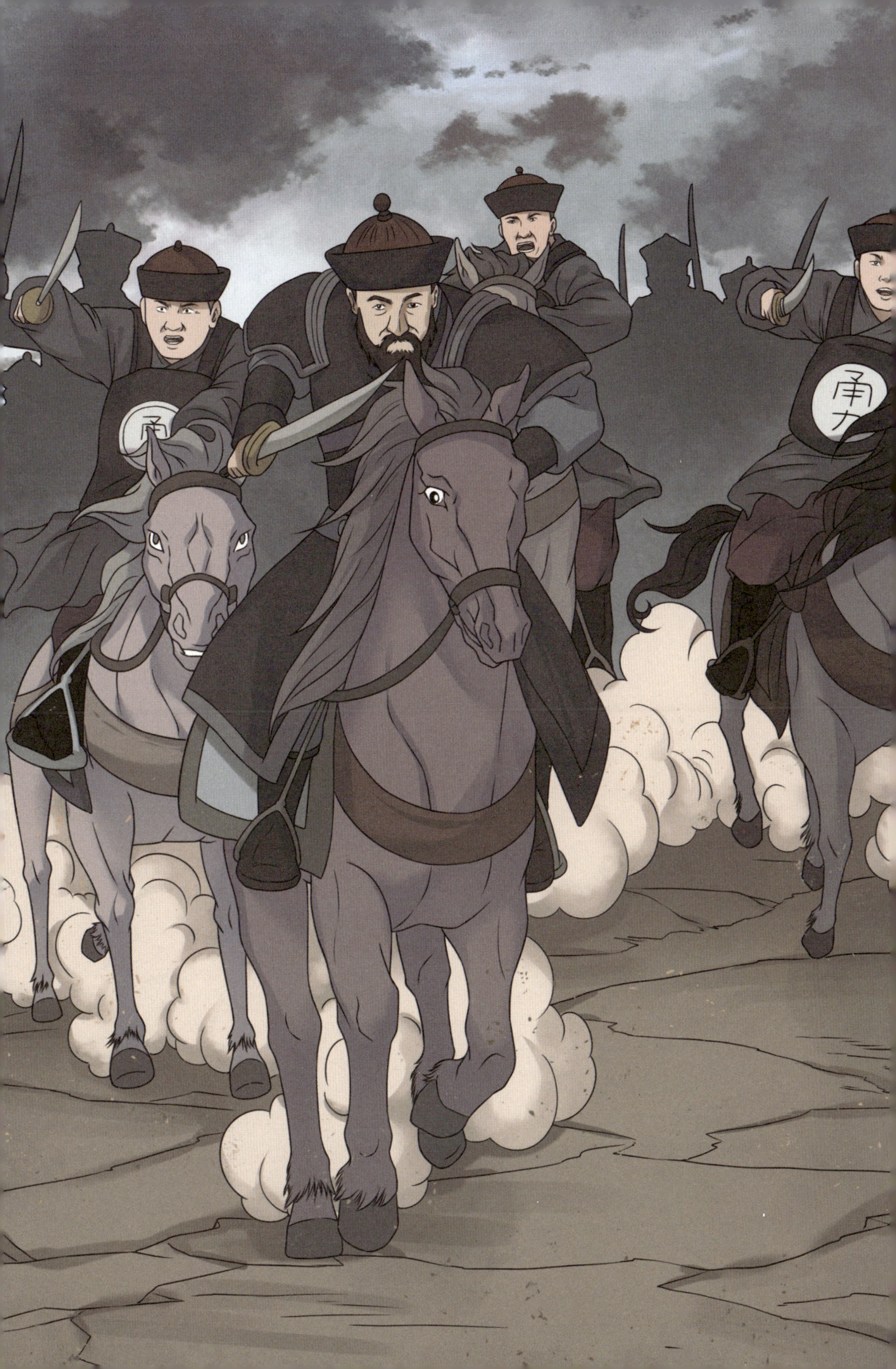
勇

出兵，所以曾国藩顶住皇帝施加的压力。历尽千辛万苦，水陆两师齐备的湘军终于有了一定规模。1854年，太平军挥师南下湖南，直指长沙。曾国藩亲率1.7万名湘军士兵，各式战船360艘，迎战太平军。

小Q：这可不能输啊！

姜sir：当时曾国藩兵分两路，其中一路战败，但另一路却取得了大胜，这是太平军起义以来清政府取得的最大一次胜利。曾国藩的湘军到底强大在哪里呢？我们下节见。

## 258 工资高的军队好招人

**姜 sir：**各位同学，大家好，我就是那个人见人爱、花见花开、车见车爆胎的姜 sir。

**小 Q：**大家好，我就是那个负责问问题的小 Q 同学。

**姜 sir：**上节我们说到湘军打了胜仗，那么湘军到底厉害在哪里呢？这就提到曾国藩创立湘军时候的思考。曾国藩并没有什么开天辟地的创新，但他非常善于反思。他反思绿营兵为什么战斗力变弱了，而他们犯的错自己不能再犯了。所以曾国藩首先就给士兵开了高工资。

**小 Q：**绿营兵原来的工资很低吗？

**姜 sir：**清朝给士兵开的工资很低，绿营兵平均每月收入换算成人民币不到四百元，但却要养活一家人。所以清朝士兵往往都有第二职业：经商的、种地的、杀猪的、卖鱼的、卖肉的、理发的、修脚的……总之，就是忙着赚钱。军队训练的时候，他们也是能躲就躲，还有花钱找人替自己训练的。

**小Q**：这战斗力肯定会很弱。

**姜sir**：不仅士兵这样，当时连部队都有其他业务。比如水师把战船租给商人运大米的，还有把军队训练的场地出租出去收租金的。更让人生气的是，还有专门保护走私犯贩卖鸦片的。清政府也管不过来，只能睁一只眼闭一只眼。

**小Q**：曾国藩给湘军的工资有多高？

**姜sir**：湘军士兵的收入，是清政府正规军的3倍左右。中级军官的收入，是正规军同级别的3到6倍。高级军官的收入更高，是正规军同级别的6倍左右。因为工资军饷高，所以湘军招人很容易。曾国藩一开始只想招1万人，结果因为报名的人多，后来达到了1.7万人。

**小Q**：除了给的钱多，一定还有其他原因吧？

**姜sir**：解决了士兵们的收入问题，接下来就是如何把大家融合在一起。湘军是上至统帅，下至士兵，每一级都由自己的上一级亲自选拔和任命，都只对自己的上级负责。这样，整支湘军就像一座金字塔一样，而曾国藩就是这个金字塔的塔尖。很多上下级都是老乡、同学、亲人，充满了信任和凝聚力。这是湘军战斗力的重要来源。

**小Q**：团结很重要。

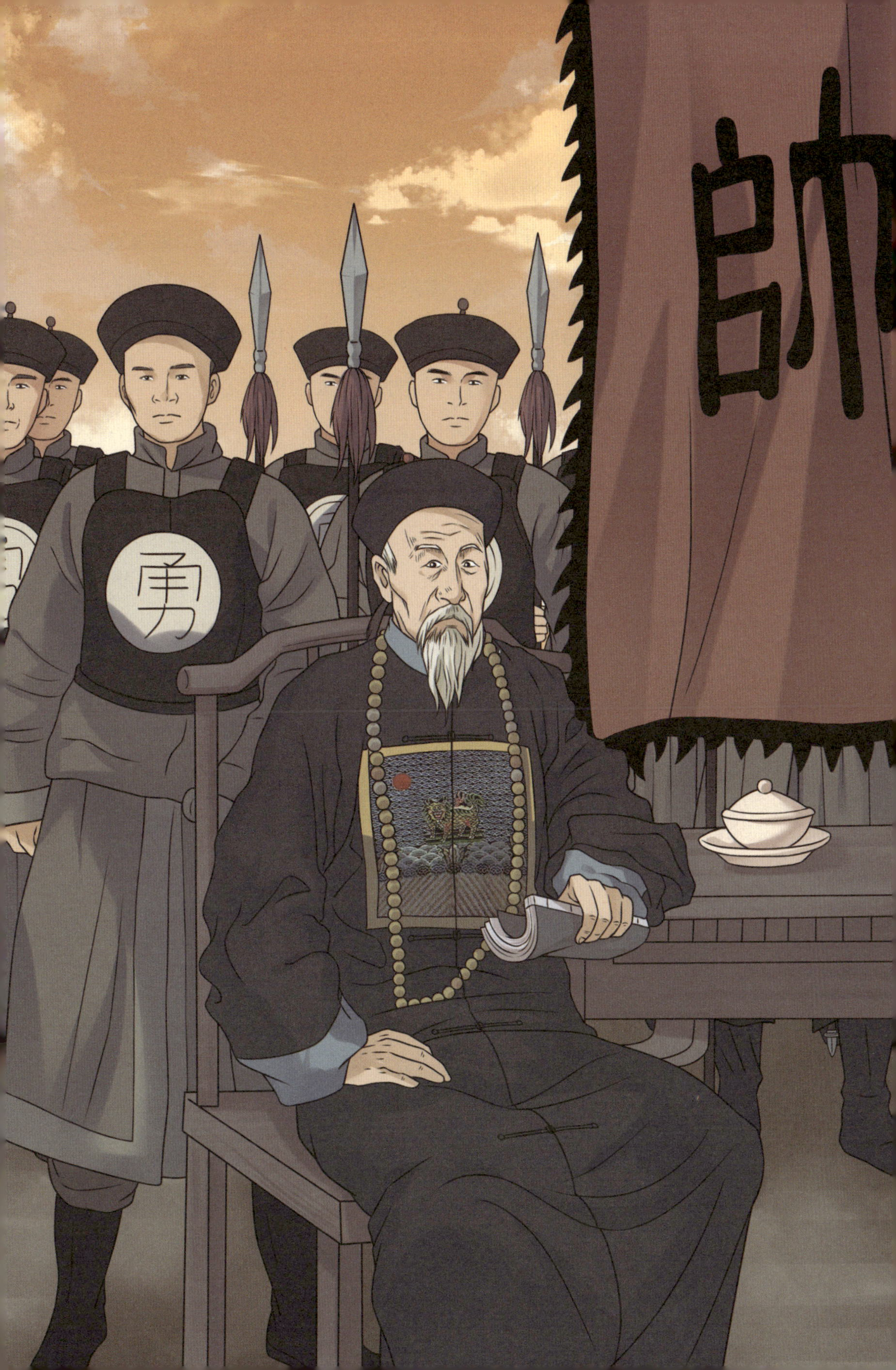
帥
勇

姜 sir：同时，曾国藩要建立的是一支有信仰有精神力量的军队，所以湘军的将领大多是有文化的知识分子。湘军将领中出身于书生的占58%，高级将领几乎全部是考取过功名的士人。他们受到儒家思想的影响，参军打仗是为了实现自己治国平天下的理想，对掌握权力没有太大的野心。

小 Q：但不可能士兵也都是读书人吧？

姜 sir：曾国藩招兵有一个原则——绝对不收当过兵的人，也不收退伍军人。因为他怕这些人把绿营的坏习惯带到湘军中来。所以他招的人以纯朴的农民为主。湘军军人穿得很朴素，个个都能吃苦。曾国藩就是靠着这样一支军队，成功了。

小 Q：所以要多读书，多去别人那里吸取经验教训。

姜 sir：曾国藩还非常重视军队里的思想教育，把军队的训练，分成了"训"和"练"两个部分。"练"就是练习打仗能力。"训"就是"训话"，是思想教育。他经常把军队召集起来，讲孔孟的学说和岳飞精神。他还亲自编写了《爱民歌》，采用民歌歌谣的方式，对士兵们进行思想教育：

> 三军个个仔细听，行军先要爱百姓。
> 贼匪害了百姓们，全靠官兵来救人。
> 百姓被贼吃了苦，全靠官兵来做主。
> 第一扎营不要懒，莫走人家取门板。

> 莫拆民房搬砖石，莫踹禾苗坏田产。
> 莫打民间鸭和鸡，莫借民间锅和碗。
> …………
> 日日熟唱爱民歌，天和地和人又和。

**小Q：**确实令人佩服！

**姜 sir：**当时镇压太平天国的不仅仅有曾国藩的湘军，还有李鸿章的淮军、左宗棠的楚军。1864年，太平天国的天京被曾国藩的湘军攻陷，太平天国宣告失败。

太平天国起义使中国内部发生了一系列的深刻变化。为了应对太平天国，清政府对于地方的控制力开始下降了，给未来的北洋政府军阀混战埋下了隐患。而为了镇压太平天国，清政府真正开始去观察外面的世界，引进了洋枪洋炮，中国的战争从此进入热兵器时代。可没有想到的是，太平天国这仗还没打完的时候，第二次鸦片战争已经开始了。为什么会爆发第二次鸦片战争呢？我们下节见。

## 259 找个借口就要来啊

**姜 sir：** 各位同学，大家好，我就是那个人见人爱、花见花开、车见车爆胎的姜 sir。

**小 Q：** 大家好，我就是那个负责问问题的小 Q 同学。

**姜 sir：** 上节我们说到，在清政府还没解决太平天国的烦恼的时候，第二次鸦片战争就爆发了。

**小 Q：** 怎么又打？上一次的《南京条约》都赔了那么多了。

**姜 sir：** 第一次鸦片战争后，清政府和英、法、美三国都签订了不平等条约。但英国发现："不对啊，我打的仗，怎么你们后签约的获得的特权比我多？并且你们签的条约，还可以在十二年后修改。这不行，我也要修改条约。"《南京条约》虽然没有可以修改条约的条款，但有"一体均沾"的说法。也就是说，如果清政府给其他国家好处，英国同样要享有。

于是这几个国家要求修改条约，改成中国全境开放通商、鸦片贸易合法化等。还有好多要求呢！

**小Q**：凭什么？

**姜sir**：清政府也觉得这不是开玩笑吗，果断拒绝，坚决拒绝。三番五次被拒绝后，这几个国家决定动用武力，第二次鸦片战争就要来了。这时候就差一个借口，哪怕是一个英国人打个喷嚏死在了中国，估计都能被他们当作借口开战。1856年10月，中国商船"亚罗"号（注册于香港）为海盗所夺，广东水师上船逮捕海盗。正在四处找寻开战借口的英国人，一看机会难得，立马说清政府不经英国同意私自扣押英国船只，还将英国的国旗给丢掉了，这是在侮辱英国，要求清政府放人、道歉。

**小Q**：想打就打，何必找这种自己听着都很假的借口呢？

**姜sir**：这清政府肯定不同意，咱们也不能这么好欺负吧？于是英国出兵进攻广州。但因为英军兵力不足，需要等待援军，就在1857年1月撤退了。

**小Q**：第二次鸦片战争就这样结束了？

**姜sir**：第二次鸦片战争持续了4年，这才是第一阶段。1858年4月20日，他们到达天津，要求和清政府谈判。但清政府坚持到广东进行。5月26日，联军炮艇兵临天津城下。6月，逼迫清政府签订《天津条约》。

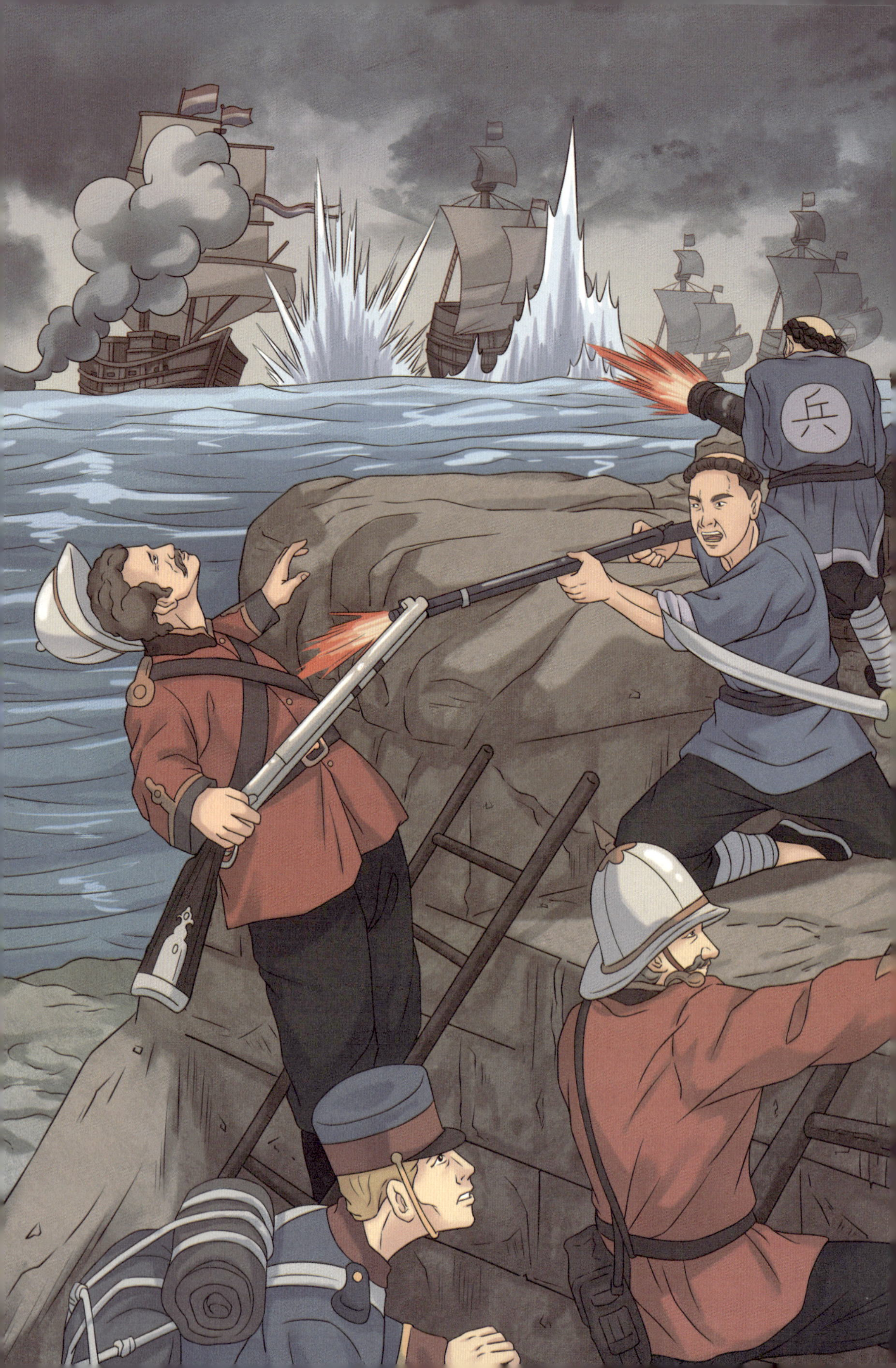
兵

**小Q：**我猜又赔了不少钱，还开放了通商口岸吧？

**姜sir：**增开天津等11个城市为通商口岸。同时，外国商船可在长江各口岸往来。还有外国人可前往内地游历、通商、传教。并且清政府要赔偿英、法军费。

**小Q：**落后真的会挨打。

**姜sir：**问题是签完了《天津条约》，对方并不满足。于1859年再次进攻天津。但这次，负责防守的科尔沁亲王僧格林沁准备充分，获取了自鸦片战争以来，清军唯一的一次胜利。联军遭此惨败后，英、法政府决定进行大规模的报复。于是天津被占。

**小Q：**天津丢了，北京就危险了。

**姜sir：**天津失守后，咸丰决心与侵略者"决战"。发动了八里桥战役，但最终清军战败，咸丰逃往热河行宫，就是现在的承德避暑山庄，留下恭亲王收拾残局。1860年10月18日，英法联军占领北京，烧杀抢掠50天，而中国一座美丽的园林也被烧了，是哪座园林呢？我们下节见。

## 260 一想就心痛的园林

各位同学，大家好，我就是那个人见人爱、花见花开、车见车爆胎的姜 sir。

大家好，我就是那个负责问问题的小 Q 同学。

**姜 sir**：上节我们说到英法联军侵入北京，烧杀抢掠。我们的皇家园林圆明园，就这样被毁了。

**小 Q**：太让人心痛了，据说圆明园没被烧之前特别壮观。

**姜 sir**：圆明园的毁坏，是人类文明的一次浩劫，也是中国人永远的民族之痛。圆明园是清朝五代皇帝用了150多年、集无数能工巧匠建造的大型皇家园林，被称为"中国一切造园艺术的典范"。 一个英国军官说，法国所有的皇家城堡和宫殿，加起来也抵不上一个圆明园。英法联军火烧圆明园后，下令抢劫焚烧的巴特雷写信给法国大文学家维克多·雨果，希望雨果能写文章赞扬他们在圆明园的"这次远征行动"。

**小Q**：太无耻了，还要赞美！

**姜sir**：雨果毫不留情地写信批评了他们无耻的侵略行径。

**小Q**：我想听一下信里面的雨果是怎么说的。

**姜sir**：雨果先是表达了他对圆明园的赞美："在地球上某个角落里有着一个人间奇迹，它的名字叫夏宫……你可以去想象一个你无法用语言描绘的、仙境般的建筑，那就是圆明园。这梦幻奇景是用大理石、汉白玉、青铜和瓷器建成，用雪松木做梁，以宝石点缀，用丝绸覆盖；祭台、闺房、城堡分布其中……再加上花园、水池及水雾弥漫的喷泉、悠闲信步的天鹅、白鹮和孔雀。这是一个以宫殿、庙宇形式表现出的充满人类神奇幻想的、夺目耀眼的宝洞。这就是圆明园。这座宛如城市、跨世纪的建筑是为谁而建？是为世界人民。因为历史的结晶是属于全人类的。世界上的艺术家、诗人、哲学家都知道有个圆明园。人们常说，希腊有巴特农神庙，埃及有金字塔，罗马有竞技场，巴黎有巴黎圣母院，东方有夏宫。"

**小Q**：说得太对了，他们烧的是属于全人类的文明成果。

**姜sir**：雨果接着说："一天，两个强盗走进了夏宫，一个进行抢掠，一个放火焚烧。可以说，胜利是偷盗者的胜利，两个胜利者一起彻底毁灭了圆明园。这两个胜利者一个装满了口袋，另一个装满了钱柜，然后勾肩搭背，眉开眼笑地回

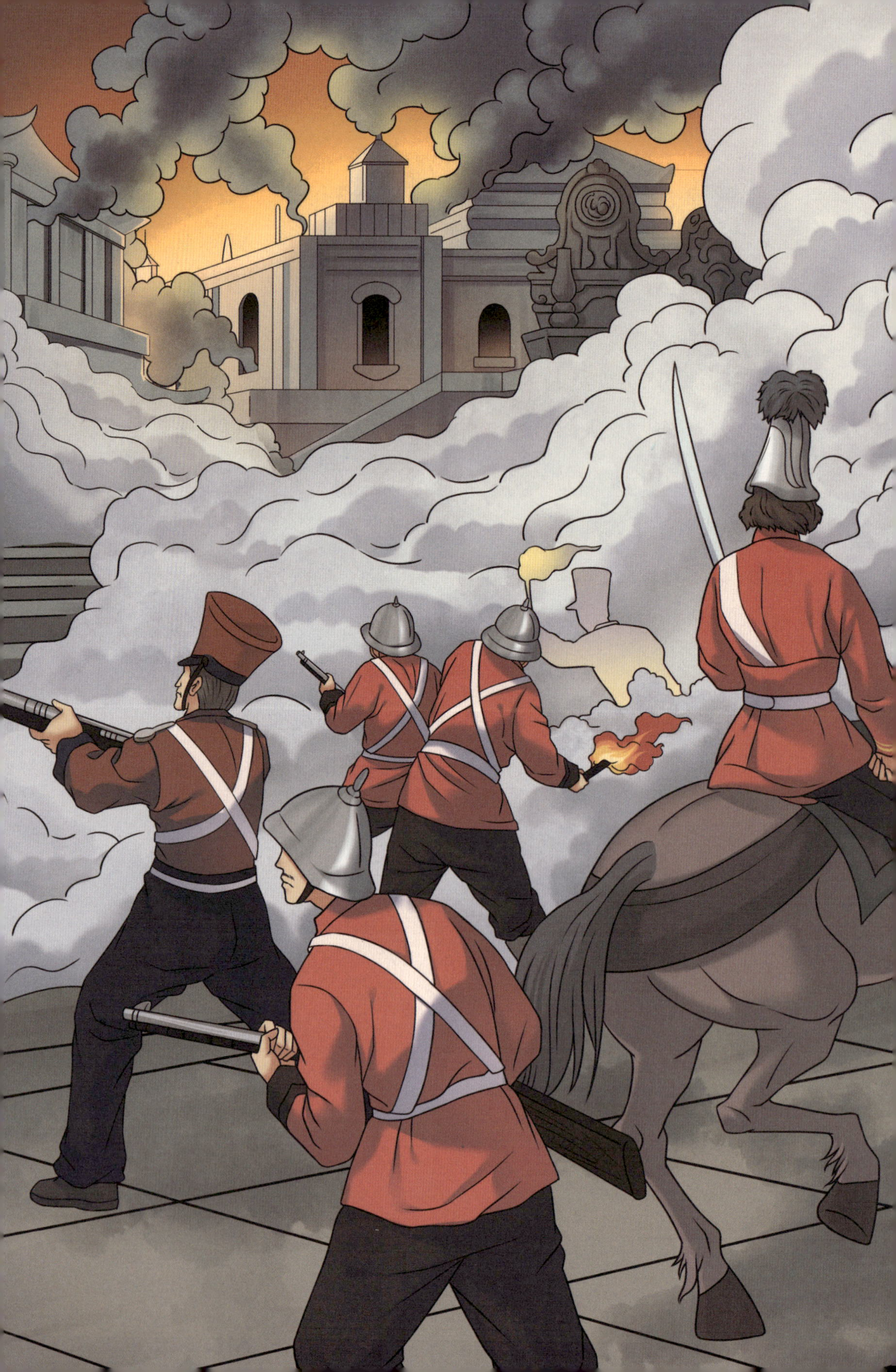

到了欧洲。这就是两个强盗的故事。在历史的审判台前，一个强盗叫作法兰西，另一个叫作英格兰。"

**小Q**：就是强盗，拿了我们的东西，还烧了我们的圆明园。

**姜sir**：法国有个军官，在日记里是这么写的："我们烧毁了被叫作圆明园的皇帝夏宫。3500人，花了整整两天时间，才完成了点火的工作。"

**小Q**：太心痛了，就这样被毁了。

**姜sir**：火烧圆明园给中国造成的损失究竟有多大，没有办法具体统计，只能粗略计算。圆明园的建设费用被文物学家估计为白银6亿两，维修费用4500万两。里面的文物至少有150万件，从西周到清历代青铜器、书画、瓷器等代表性文物。保守估计，英法联军洗劫圆明园给我国造成的损失达100万亿美元。这还只是经济损失。艺术、文化、历史、尊严等破坏更是无法估量。现在美国、日本、欧洲等地的博物馆都收藏有圆明园文物。

**小Q**：我明白了，国家必须强大。否则别说老百姓，就连祖先留下的文化都保护不了。

**姜sir**：圆明园被烧毁后，清朝又继续签订了一系列不平等条约。他们又签了什么条约呢？我们下节见。

## 261 不认识英文

各位同学，大家好，我就是那个人见人爱、花见花开、车见车爆胎的姜 sir。

大家好，我就是那个负责问问题的小 Q 同学。

**姜 sir：**上节我们说到英法联军攻占北京西郊的圆明园，并纵火烧毁了这座有"万园之园"之称的著名园林。在整个第二次鸦片战争期间，清政府还签订了《中俄北京条约》《中俄瑷珲条约》《中英北京条约》等不平等条约。

**小 Q：**我气得头发都要竖起来了！

**姜 sir：**你那叫怒发冲冠。1858 年 5 月，签订的《中俄瑷珲条约》，让我们失去了黑龙江以北、外兴安岭以南约 60 万平方公里的领土。此后，沙俄又在 1860 年和 1864 年，分别搞出了《中俄北京条约》《中俄勘分西北界约记》，夺走了黑龙江以北乌苏里江以东的大片土地。《瑷珲条约》中规定由中俄共管的乌苏里江以东 40 多万平方公里的领土也被划归俄国。至此，沙俄在东北抢走了合计 100 多万平方公里的土地。

**小 Q**：这是看清政府好欺负啊。

**姜 sir**：1860 年 10 月 24 日，《中英北京条约》规定赔偿英国军费 600 万两、英国商人的损失 200 万两，并且占领天津、大沽、登州、北海、广州的英国军队，等清政府赔款全给完才撤离。

**小 Q**：圆明园的损失还没和他们算账呢！

**姜 sir**：《中英北京条约》不仅完全确认了英国通过《天津条约》获得的侵略特权，还对中国进行了新的勒索——把"九龙司地方一区"割让给了英国。

**小 Q**：我有一个疑问，清朝的官员怎么和外国人沟通呢？他们会外语吗？

**姜 sir**：鸦片战争是近代中国屈辱的开始。屈辱地挨打、屈辱地抵抗、屈辱地谈判、屈辱地签约、屈辱地割地赔款。总之，各种憋屈。还有一种憋屈叫翻译。当时中国与外国小到民间纠纷，大到国家谈判，都要依赖翻译。翻译水平的高低，直接影响着事情的解决程度。翻译得好，双方沟通顺畅，可以顺利解决问题；翻译得不好，误解加深，别说事情解决不了，甚至还有可能增加新的麻烦。

**小Q：** 当时会英语的肯定没多少人吧？

**姜sir：** 晚清初期的中国翻译大多是买办，也就是和外国商人打交道的商人。他们是最早与外国接触的中国人。不过，这些人的外语水平基本仅限于简单的口语交流，其实给他们一本英文书，他们认识不了太多英文单词，让他们写一封英文信，就更难了。

**小Q：** 毕竟没有系统地学习过。

**姜sir：** 就是这样的一群人，也已经算清朝很高的水准了。而且就连这种水平的翻译者，都很不好找。1842年2月，英国人驾驶轮船进入浙江。当地官员需要和英国人交涉让他们离开，但双方谁都听不懂。英国人将两张写满英文的纸交给了当地官员，但没有一个人认识。最后道光皇帝下旨，要求尽快找人翻译。浙江巡抚发动全省力量，终于找到一个人。结果这个人也只是略懂英文口语，根本不认识几个单词。最后要到外省找人，到了南京，找到了当时在英国船上的两个人，才进行了翻译。

**小Q：** 那有没有英国人会中文呢？

**姜sir：** 有一些，但当时清政府不愿意用英国翻译，认为外国人坏，用他们的翻译肯定会遭算计。同时在重大谈判场合，英国人不能使用汉字。而英国翻译直接翻译成中文给中国官员，则是违反规定的。但英国方面发现中国翻译的水平很低后，

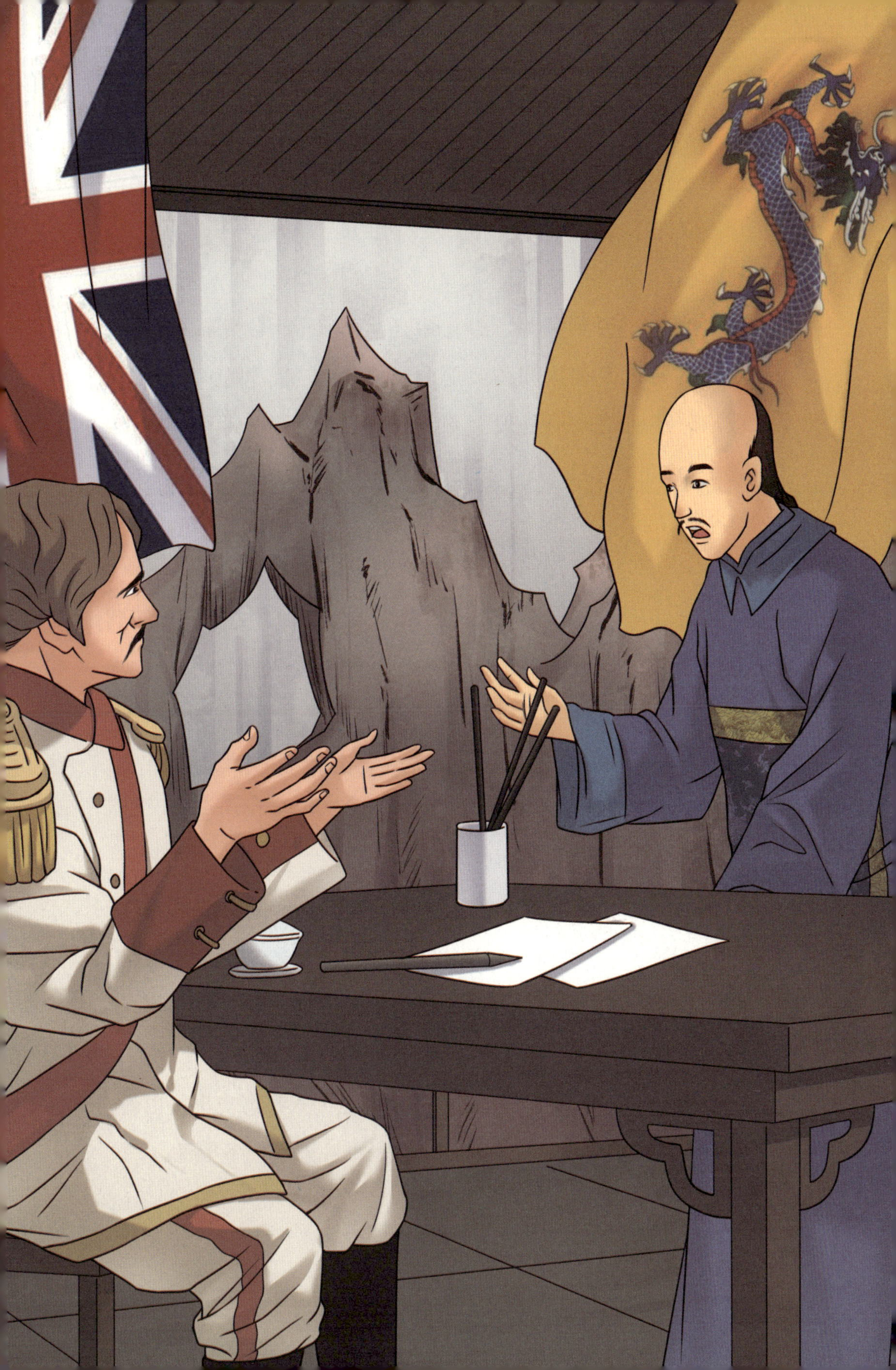

又拒绝使用中国翻译，所以每次谈判就因为到底使用谁的翻译，双方还得吵一会儿。

**小Q：** 从一个翻译问题，就看出了当时清朝的落后、保守。

**姜sir：** 说到翻译，野史中还有一个故事。据说有一个中国翻译代表英国和清政府的恭亲王谈判，非但不帮着清政府，还对清政府百般刁难，各种找碴儿，气得恭亲王大骂："你世代受国家恩惠，为什么今天却在这里为虎作伥（chāng）！"

**小Q：** 为虎作伥是什么意思？感觉不是个好词。

**姜sir：** 为虎作伥用来比喻做坏人的帮凶。这个翻译听到后，直接说："我本来是一个好人，也很想上进做事，但这上升之路被你们这群人都给控制了，直接堵死了。贪官各种贪污，搞得老百姓吃不饱穿不暖，已经都开始乞讨了。你骂我是坏人，我看你是卖国贼还差不多。"

**小Q：** 这个翻译是谁啊？

**姜sir：** 和这个翻译有关的另一件事，小Q如果知道又会怒发冲冠了。一些野史和小说里写是这个人给英法联军带路，火烧了圆明园，而且他还趁乱捞了很多宝物。

**小Q：** 太过分了！他是谁？

**姜sir：** 他叫龚半伦，原名龚橙。这个人在野史里很出名，但他爸爸在正史里更出名。他爸爸是谁呢？我们下节见。

## 262 现在开始也不晚

各位同学,大家好,我就是那个人见人爱、花见花开、车见车爆胎的姜 sir。

大家好,我就是那个负责问问题的小 Q 同学。

**姜 sir**:上节我们说到龚半伦在野史中被描写成了卖国贼,竟然给侵略者带路火烧圆明园。而他的爸爸就是清朝著名的爱国诗人龚自珍。

**小 Q**:龚自珍的好多诗我都会背。

**姜 sir**:龚自珍从小最大的理想,就是要当官,当一个对国家有贡献的官。但当了官之后龚自珍才发现,当官没有那么简单。官场比想象中还要复杂,一些小人、贪污腐败的人升官的速度反而更快。他想改革,但根本没有机会。他对朝廷一些黑暗的地方提出了不满,却遭到了打击。所以,他干脆辞官，离开了北京。后来，又北上去接家人。这一路上龚自珍看到了很多事情，不禁感慨万千。

**小Q**：按照一般规律，诗人该写诗了。

**姜sir**：于是龚自珍就写了组诗《己亥杂诗》，共315首。比如其中第5首说"落红不是无情物，化作春泥更护花"就在表明自己会换一种方式去爱国；还有第220首说"我劝天公重抖擞，不拘一格降人才"，就在表明希望国家能重用人才，这样国家才有希望。

**小Q**：清朝就不能出现一个皇帝，中兴一下，崛起一下吗？

**姜sir**：咸丰皇帝30岁就去世了，下一任同治皇帝5岁登基。他妈妈慈禧从此开始了中国历史上近半个世纪的"垂帘听政"。清朝的同治和其后的光绪两位皇帝在位期间，大权几乎全部掌握在慈禧太后手中。

**小Q**：那慈禧是一个什么样的人？昏庸吗？

**姜sir**：在咸丰活着的时候，慈禧就常常帮咸丰出点儿主意。咸丰去世之前，曾经留下过遗诏，吩咐以肃顺为首的八个大臣作为辅政大臣，两宫皇太后垂帘听政，共同帮助同治皇帝。但慈禧当然想要自己一个人控制同治皇帝。而遗诏当中，咸丰皇帝把自己的那几个亲兄弟全都排除在辅政大臣之外。

**小Q**：是担心小皇帝太小，叔叔们抢皇位吧？

**姜sir**：尤其是恭亲王，那是个非常有才华又聪明的人物。

现在北京著名的 AAAAA 级景点恭王府就是恭亲王曾经的住宅，也是清代规模最大的一座王府建筑群，还是新中国保存最完整的王府，有"一座恭王府，半部清代史"的说法。这座王府也曾是和珅的住宅，现在位于北京市西城区前海西街。

**小 Q**：有机会一定要去看看。

**姜 sir**：慈禧就找到了恭亲王，合起伙来夺取了顾命大臣们的权力。恭亲王也被授予了"议政王"的称号。

**小 Q**：议政王听起来很厉害。

**姜 sir**：皇太极建立清朝之后的第二年，建立了议政王大臣会议制度，就是由议政王、议政大臣共同参与决策军国大事的一项制度。这个会议在清朝最繁盛的时候，国家所有的大事基本都由议政王大臣会议决定，甚至一度出现过权力高过皇帝的现象。康熙时期，设立南书房，许多命令绕过议政王大臣会议，直接出自南书房，议政王大臣会议的权力被削弱。到了乾隆时期，这一制度被正式取消。

**小 Q**：那恭亲王当上了议政王，看来权力很大啊。

**姜 sir**：恭亲王背地里被人称作"鬼子六"。

**小 Q**：为什么这么叫啊？

**姜 sir**：首先，是因为恭亲王聪明"鬼精灵"。美国记者曾经这样评价恭亲王："恭亲王与我之前所见过的东方王子及政治家不同，他十分生动。这是一个机敏的男人，直觉敏锐，

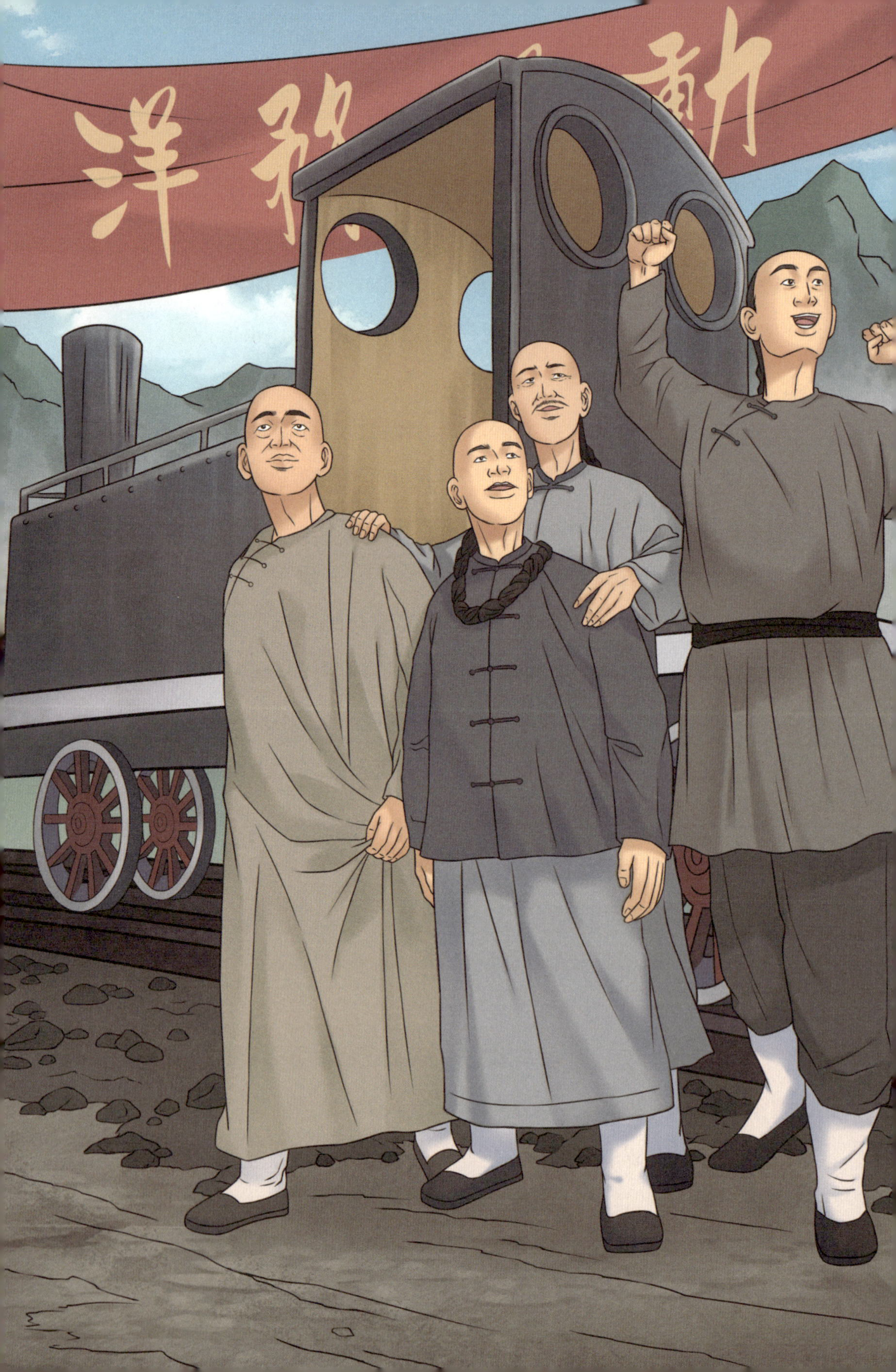
洋
動

意志坚定。"同时，因为恭亲王支持洋务运动，那时候，人们称呼洋人为"鬼子"，恭亲王又是道光皇帝的第六个儿子，所以就管他叫"鬼子六"。

小Q：什么是洋务运动？

姜sir：19世纪60年代，在恭亲王等人的支持下，曾国藩、左宗棠、李鸿章等人，开始在自己的地盘创建工厂、制造机器、开采煤矿、修建铁路、兴办电报、训练军队、创办学校。这场以"自强""求富"为口号，引进西方先进科学技术以挽救清朝统治的自救运动就是洋务运动。

小Q：太好了，终于天公重抖擞，改革开始了！

姜sir：洋务运动是顺利进行，还是会遇到阻碍呢？我们下节见。

## 263 洋务派 VS 顽固派

各位同学,大家好,我就是那个人见人爱、花见花开、车见车爆胎的姜 sir。

大家好,我就是那个负责问问题的小 Q 同学。

**姜 sir**：上节我们说到清朝开始了洋务运动。经过两次鸦片战争的失败以及太平天国的打击,清朝的一部分官员开始认识到中西方的差距。为了维护清朝统治,清政府开始决定学习西方先进的技术。而提到洋务运动,就要提到总理衙门。

**小 Q**：听起来是个部门。

**姜 sir**：因为清政府原来没有和外国人打交道的准备,也就没设置什么特殊的部门。但鸦片战争后,跟洋人打交道的次数越来越多,不得不让两广总督专门负责,兼职五口通商大臣。

**小Q**：两广总督级别很高吗？

**姜sir**：两广总督这个职位是从雍正开始确立的，全权管理广东、广西两省。由于当时海南省也属于广东省，这个两广总督相当于今天3个省的省长。

**小Q**：那应该很忙，没时间总和外国人打交道。

**姜sir**：于是在第二次鸦片战争后，外国侵略者强迫清政府设立机构来代替五口通商大臣。最初设置的机构叫"抚夷局"，从名字就能听出来，安抚蛮夷。但外国人不同意，所以慈禧就将"抚夷局"改为"总理各国事务衙门"，简称总理衙门。

**小Q**：那这个总理衙门怎么就和洋务运动有关系了呢？

**姜sir**：因为后来外国侵略者对清政府的态度变了，有的开始赠送洋枪洋炮，有的派人帮助清政府训练军队，还有的直接派兵帮助清政府攻打太平天国。而总理衙门又是负责和外国打交道的部门，所以权力越来越大。

**小Q**：我有点晕，这群侵略者怎么就突然变了？

**姜sir**：因为侵略者的目的是利益，是赚钱。而清朝如果一直存在，他们就可以不停地赚钱，获取利益，一旦改朝换代，谁知道会发生什么？万一新的统治者不承认那些不平等条约呢？万一新的统治者发愤图强，中国强大了呢？所以就在太平天国进攻上海的时候，光俄国就给清政府送来了五十门大炮和一万支枪。在洋人的帮忙下，清朝的很多大臣也认识到了这些武器的厉害，比如曾国藩、左宗棠、李鸿章等。

**小Q**：那还不赶紧学习这些技术？

**姜sir**：咸丰皇帝活着的时候是反对的。但现在恭亲王当上了议政王，他是支持改革的。他也管着总理衙门。所以中央支持，地方上曾国藩他们也支持，这下洋务运动可以开始了。不过还是遭到了顽固派的坚决反对。

**小Q**：都被欺负成这样了，还有反对的呢？

**姜sir**：顽固派反对学习西方。洋务派主张向西方学习，引进西方的科技。比如1862年，洋务派在北京开创了清朝第一所外语专门学校，叫京师同文馆。因为洋务派认为，和外国人打交道，必须先做到对他们了解。而想了解这些国家，必须得会外语。

**小Q**：这是对的啊，知己知彼，百战不殆。老祖宗早就总结出来了。

**姜sir**：但顽固派认为，让中国人学外语，还让外国人当老师，这不是胡闹吗？容易落入洋人的圈套。国家稳定的根本是人心，是儒家的礼义廉耻，而不是什么技术。而洋务派却说："你们这群人，就会空谈大道理，敌人打过来的时候，大炮轰过来的时候，怎么办？学习西方的技术是为了武装自己，让自己强大，根本不是为了动摇祖先留下的东西。"

**小Q**：我支持洋务派！

姜sir：1871年夏天，一份奏折被称为"中华创始之举，古今未有之事"。这就是由李鸿章和曾国藩联名向同治皇帝提议的"朝廷公费派遣幼童赴美留学，学满15年后归国报效朝廷"的奏折，希望能选一些少年儿童，去国外留学，学习西方的造船、开矿、机械等先进技术。一个月后，招生工作正式启动，第一批学员有30个名额。由于当时民风尚未开化，人们信奉着"父母在，不远游"的观念，不愿意把孩子送去陌生的美国。略微有钱财的家庭都不会让孩子出国留学，他们觉得有辱门楣，会遭人耻笑。同时有人谣传西方是蛮夷之地，那里有野兽会把孩子生吞活剥，所以招生工作依然不见成效。最后，招生官们把目光放在了开化较早的广东沿海一带，招收的30名幼童中，竟有25人来自广东。

这些孩子迅速适应了美国的生活，剪辫子、穿西装、打棒球，有的甚至还成为了基督徒，他们对世界有了全新的认识。

哥伦比亚大学校长在给总理各国事务衙门的信中也赞扬了这些刻苦学习、努力上进的孩子。但负责主管监督的陈兰彬等人不能接受，因为这群留学生见到他们，竟然没有行跪拜的礼节。他们认为必须防止这些中国孩子忘了祖宗，变成"假洋鬼子"。

小Q：人家又没有背叛国家。

姜sir：而慈禧对留学生的行为也开始担忧，她害怕这些

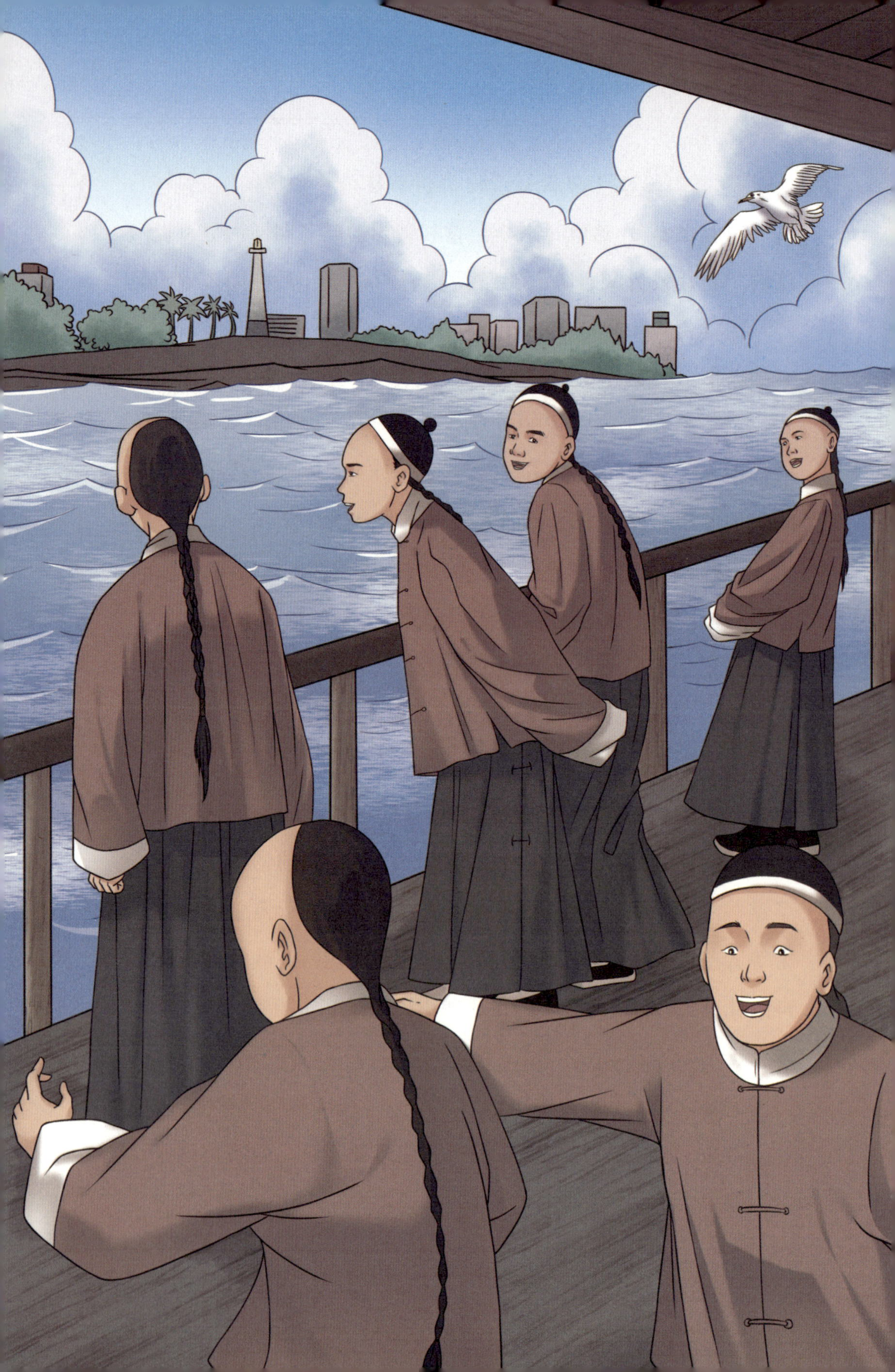

中国孩子回国后会威胁到清朝的统治。终于，1881年，清政府下令将这些留学生全部召回。他们被迫中断学业。最终120名留美幼童，除了先期因不遵守纪律被遣返者，加上执意不归和病故者共26人，剩余94人分三批被召回中国。

**小Q**：回国后他们不会受到惩罚吧？

**姜sir**：有一个留学生曾经在一封信中描述了回国后的景况："当我们第一次看见上海……曾经幻想会有热烈的欢迎等着我们，也有熟悉的人潮，和祖国伸出的温暖的手臂来拥抱我们。可当靠近码头时，人潮环绕，但却不见一个亲友。没有微笑来迎接我们这失望的一群人。"

**小Q**：但我相信这批孩子以后一定会做出一番成就，来证明自己对祖国的心。

**姜sir**：尽管这些留学生被迫中断了学业，但这几年珍贵的学习机会使他们大开眼界，让他们认识到清政府与世界其他国家的巨大差距。这些"留美幼童"里也涌现出了大量的人才，比如詹天佑——中国首位铁路工程师，主持修建了"京张铁路"等工程。京张铁路是中国第一条完全不使用外国资金及人员，由中国人自主设计并投入营运的铁路。詹天佑被誉为"中国铁路之父""中国近代工程之父"。唐元湛，中国电报事业的奠基人之一；吴仰曾，曾任开平矿务局副局长，开平矿务局是洋务派所办的采矿业中最有成绩的大矿。唐绍仪,"中华民国"首任内阁总理,曾任北洋大学校长、山东大学校长。洋务运动能否成功,又取得了哪些成就呢?我们下节见。

## 264 洋务运动的成果

**姜 sir**：各位同学，大家好，我就是那个人见人爱、花见花开、车见车爆胎的姜 sir。

**大家好，我就是那个负责问问题的小 Q 同学。**

**姜 sir**：上节我们说到洋务派遇到了顽固派的反对。其实就是对新事物的接受程度不同，但两派的目的都是维护清政府的统治。

**小 Q**：那洋务派都做了什么呢？

**姜 sir**：1861 年，曾国藩就开办了中国第一家新式兵工厂——安庆内军械所。这个工厂主要生产子弹、火药、大炮、蒸汽轮船等。安庆内军械所完全靠中国人自己研究那些买来的洋枪、洋炮、轮船和西方的科技书籍。在没有外国人教的情况下，安庆内军械所的专家和工人们自行研制出了第一台完全由中国人制造的蒸汽机。

**小Q**：鼓掌鼓掌，多生产点，免得总被人侵略。

**姜sir**：这个工厂的建立也被后人称作新式军事工业兴起的开端。1865年9月20日，在曾国藩、李鸿章的主持下，江南制造总局在上海正式成立。它是当时规模最大的军工企业，不仅能够制造枪炮、弹药、轮船，还设有翻译馆等文化机构。后来领导戊戌变法的康有为，就是读了江南制造总局翻译的西方书籍，才萌生了维新思想，进行变法改革的。

**小Q**：翻译这件事很重要。我们可以翻译书籍，自己学，不用总去请外国人教。

**姜sir**：翻译馆先后译书160种，涉及兵学、工艺、兵制、医学、矿学、农学、化学、船政、工程、电学、政治、商学、地学、天学、学务、声学、光学等方面，为中国打开了一个新的世界。到19世纪末，制造局一年就可以制造子弹9万发、地雷200枚、枪支2000支。

**小Q**：早这样的话，就不会被人打了。

**姜sir**：洋务派创建了中国近代第一条铁路、第一座钢铁厂、第一座机器制造厂、第一座矿务局、第一所电报局、第一所外国语学校、第一所现代化军校、第一支现代化海军舰队……他们创造了中国近代史上许许多多的第一。

**小Q**：终于有海军舰队了！

**姜 sir**：其实中国拥有水上部队的历史非常久远，古代叫水师。就像三国时期的赤壁之战也是水师之间的较量，不过战场都是以内河为主。中国真正意义上的海军就是从清朝末期开始建立的。在两次鸦片战争中，西方侵略者的坚船利炮，使清政府逐渐意识到建立一支中国现代化海军的重要性。

**小 Q**：这些西方侵略者都是从海上打过来的。

**姜 sir**：毛主席在 1953 年强调海军建设时说："一百多年来，帝国主义侵略中国大都是从海上来的。"

**小 Q**：原来都是和草原上的游牧民族对抗。

**姜 sir**：从第一次鸦片战争开始，以林则徐为代表的一些人，就主张加强海防抵抗侵略，想筹划建立一支近代海军。而到了 1874 年，日本侵占我国领土台湾，在和日本的对抗中，海军薄弱的问题就越发凸显出来，这对清政府刺激很大。而且日本的野心可不小。

**小 Q**：难道日本想占有台湾？

**姜 sir**：不止！他们想要占有整个世界！首先就是要拿下清朝的台湾，然后把清朝的附属国朝鲜拿下，进而把满蒙侵占，接着再占领整个中国，最后征服整个世界。

**小 Q**：这么大的野心，清政府还不赶紧准备海军？

**姜 sir**：1875 年，清政府决定每年拨款白银 400 万两，作为筹建海军的军费。其中北洋水师被称为中国近代第一支正

所械軍內

规海军，拥有主要军舰大小共计25艘、辅助军舰50艘、运输船30艘、官兵4000余人。

小Q：洋务运动挺好的啊，比原来的闭关锁国好很多。

姜sir：有一个成语叫"治标不治本"，意思是只把表面上的毛病加以应急处理，而不从根本上加以解决。洋务运动只学习了西方技术，而没有改变当时清朝落后的制度。清朝政府内部还有大量的贪污腐败甚至反对洋务运动的人，而西方那些侵略者也不愿意让中国真的富强起来，所以也一直控制着洋务运动的发展。

小Q：太难了！

姜sir：洋务运动的最终目标还是要维护清朝的统治，而并不是整个国家大的、彻底的改革。但不能否认，洋务运动第一次将西方的自然科学和工业技术带进了普通老百姓的世界中，也培养出了大批优秀的近代军事人才，在造船、航海、机械制造和近代医学等方面都做出了巨大的贡献。而接下来一场战争的惨败被视为洋务运动失败的标志。它是哪场战争呢？又是怎么打起来的呢？我们下节见。

## 265 日本一步步进逼

各位同学，大家好，我就是那个人见人爱、花见花开、车见车爆胎的姜 sir。

大家好，我就是那个负责问问题的小 Q 同学。

**姜 sir**：上节我们说到，1874 年日本侵犯台湾后，清政府开始加强海军建设。同时日本对于侵略中国蓄谋已久。

**小 Q**：这场仗清政府又打输了吗？

**姜 sir**：其实是日本输了，但清政府赔了人家 50 万两白银。

**小 Q**：什么？我们打赢了，怎么还赔他们钱？

**姜 sir**：日本一直想像英美一样，在清政府这里获得很多利益，但一直没机会。正好清朝有一个藩属国，叫琉球。从明朝开始，这个国家历代国王都要接受中国皇帝的册封。1609 年，日本入侵了琉球，逼迫琉球向他们朝贡，但琉球坚决反对。1871年，琉球的一艘渔船意外被暴风吹到了台湾，船民和当地人发生了冲突，日本便以此为借口，出兵台湾。

**小Q：** 这个借口也太牵强了，和日本有啥关系？

**姜sir：** 当时很多西方国家都反对日本这次侵略行动，因为怕中日冲突会影响他们的利益，更不愿意日本占领台湾。同时，清政府在台湾已准备超过万人的军队，兵力上占据优势，而日本支持不了在台湾的长期作战。但清政府的一些官员却缺乏信心，日本趁着机会就要求清政府赔款200万两，给钱就撤退。

**小Q：** 凭什么？清朝兵力占据优势呢。

**姜sir：** 所以第一次谈判，清政府没同意，日本就以开战威胁清政府。另一边的英国站出来了："给我个面子，别打了，一面少赔点，一面少要点。大家握握手，好朋友。"所以最终1874年10月31日，中、日两国在北京签订《北京专约》，清政府坚持维护在台湾的主权，但承认日本出兵是为了保护他们的百姓，这等于变相承认了琉球是日本领土。日本于1879年完全并吞了琉球王国，改设为冲绳县。同时清政府赔偿日本抚恤费10万两、出兵费40万两，总计50万两白银。

**小Q：** 这也太好欺负了。

**姜sir：** 拿到了钱，日本的侵略野心进一步膨胀，一场中日战争不可避免，只差发动战争的时机了。而中国在东北边境的邻居是朝鲜。长期以来，中国一直是朝鲜的宗主国，于是日本计划利用朝鲜问题作为侵略中国的借口。

**小Q：** 只要想找事，什么借口都能有。

**姜sir：** 日本明治维新的成功，使得日本实力大增。在和中国签订的条约中，有一条约定是如果朝鲜发生内乱，中、日两国都有派兵到朝鲜的权力。当时朝鲜爆发了东学党起义，朝鲜政府就向自己的宗主国清朝求援，让清政府出兵帮忙镇压起义。在接到求援后，清政府二话不说派出了援兵，结果还没赶到战场，朝鲜朝廷便和起义军讲和了。人家自己不打了，但日本也出兵朝鲜了。

**小Q：** 这两支军队不会在朝鲜发生冲突吧？

**姜sir：** 清政府知道日本要找碴儿，就赶紧撤兵。但日本一看：你别躲着我啊，我还得碰瓷儿呢。于是，日本提出两国合作，一同改革朝鲜内政。清政府心想：躲你我还来不及呢，还和你合作？于是就拒绝了。并且强调日本必须从朝鲜撤兵，而日本拒绝撤兵。

**小Q：** 这是准备开战了？

**姜sir：** 1894年7月23日，日本突袭朝鲜皇宫，控制了朝鲜政府，并于25日在丰岛海面袭击了增援朝鲜的清朝军舰"济远"舰和"广乙"舰，负责运送援朝士兵的"高升"号被日军击沉。"高升"号上的清军官兵1116人，除245人获救外，

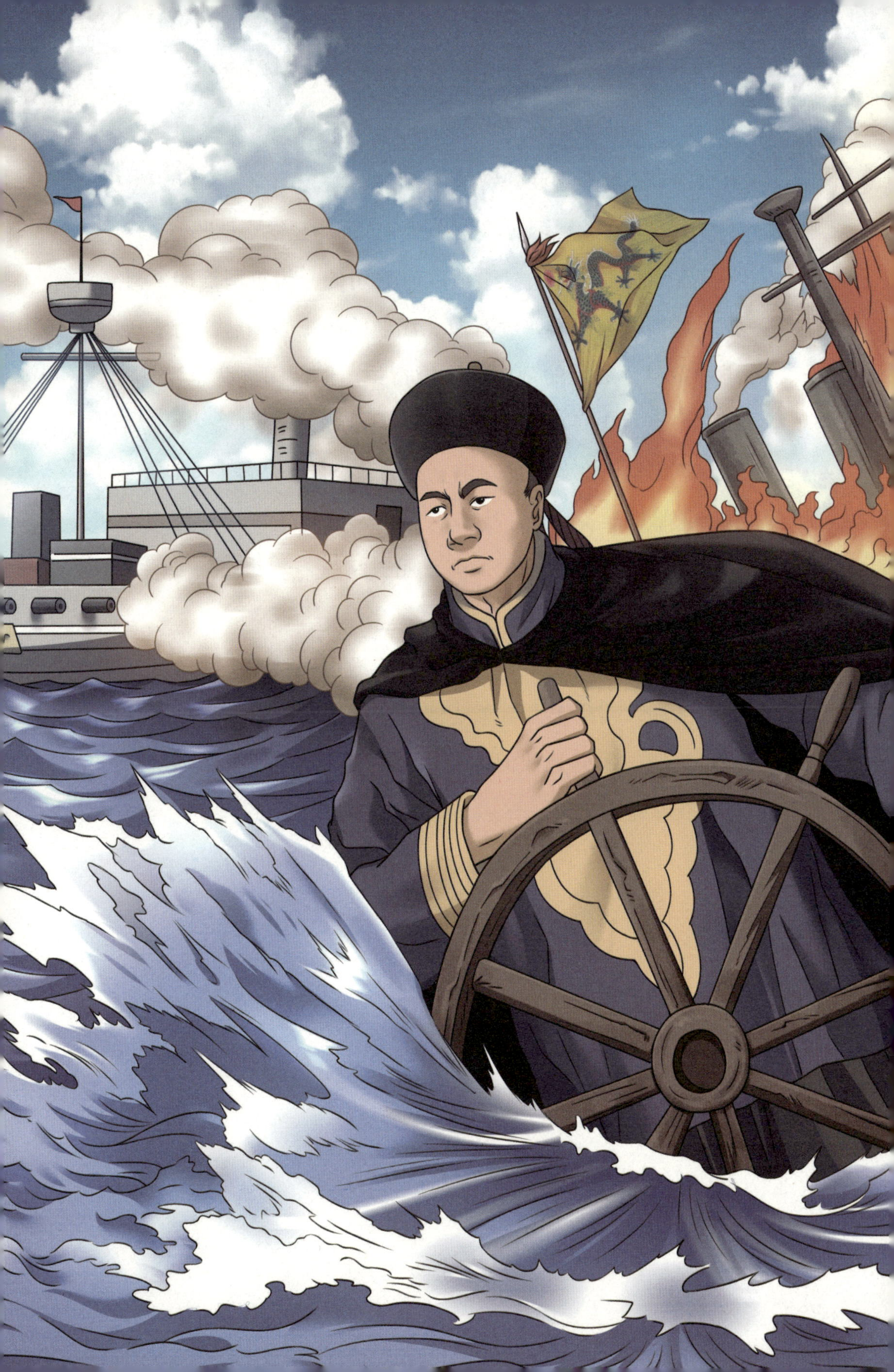

其余的871名全部壮烈殉国。

**小Q**：洋务运动后的清朝海军战斗力还这么弱吗？

**姜sir**："高升"号是清政府雇用的一艘英国商船，只负责运载援兵去朝鲜，没有派北洋舰队的主力护航。而清政府还寄希望于周边的俄国舰队能帮忙，但俄国舰队也没帮忙。1894年8月1日，中、日两国政府宣战，甲午战争爆发。随后，日本拿出早已准备好的对清宣战书。至此，清政府才认识到，日本人早就准备好要开战了。

**小Q**：看来一场战争的开始，早就有很多准备动作了，千万不要小瞧敌人的每一个步骤。

**姜sir**：这场战争爆发前，日本政府早就在中国秘密开展间谍活动，搜集了大量重要情报，比如汉口乐善堂和上海日清贸易所。他们是如何搜集情报的呢？接下来的甲午海战，谁将获胜呢？我们下节见。

## 266 防范间谍很重要

各位同学,大家好,我就是那个人见人爱、花见花开、车见车爆胎的姜 sir。

大家好,我就是那个负责问问题的小 Q 同学。

**姜 sir**:1868 年日本明治维新,逐步变强大之后,就开始了针对中国的间谍活动。

**小 Q**:什么是间谍?

**姜 sir**:间谍,简单地说,就是从事秘密侦探工作的人,从对方那里刺探机密情报。1886 年,日本在中国最大的间谍机关乐善堂成立。它以开设药店作为掩护,表面上售卖眼药水、书籍、杂货,相继在北京、长沙、重庆、天津、福州等地建立了众多分部,并以这些城市为基地,把间谍据点扩散到了中国各地。有的日本人还剃发假装成中国人,四处搜集情报,为发动战争做准备。

小Q：这也太可怕了，他们能搜集到什么情报呢？

姜sir：比如日本间谍对中国的地势情况、海军防守进行了长期观察，包括港口的水深、天气变化规律等，他们向日本海军递交了一份报告，提出日本对中国开战时，当从荣成湾登陆，对威海卫应采取背后进攻的战术。这个建议为日军击败北洋舰队起到了重要作用。

小Q：原来不仅军队里面的内容是机密，这些自然现象规律也是战争的一方面。

姜sir：可以说日本早就做好准备了，他们对清朝军队战斗力、中国地形乃至中国的传统节日、习俗都做了详细考察，甚至各海口的水深、有没有沙滩、海底是泥沙还是岩石，他们都了如指掌。甲午战争爆发后不久，清军找到了一张日本绘制的中国部分地区的地图，上面村、路、炮台、营房、山、河、井、树都画得十分详细。

小Q：那清政府不去打击这种间谍行为吗？

姜sir：当时也想了一些办法，比如禁止其他国家的使节去保护日本间谍、禁止日本人剃发冒充中国人、鼓励民间百姓举报等。虽然也破获了几起间谍案，但从最后战争的结果来看，日本的间谍活动还是取得了成功。

小Q：所以这场战争的结果是……

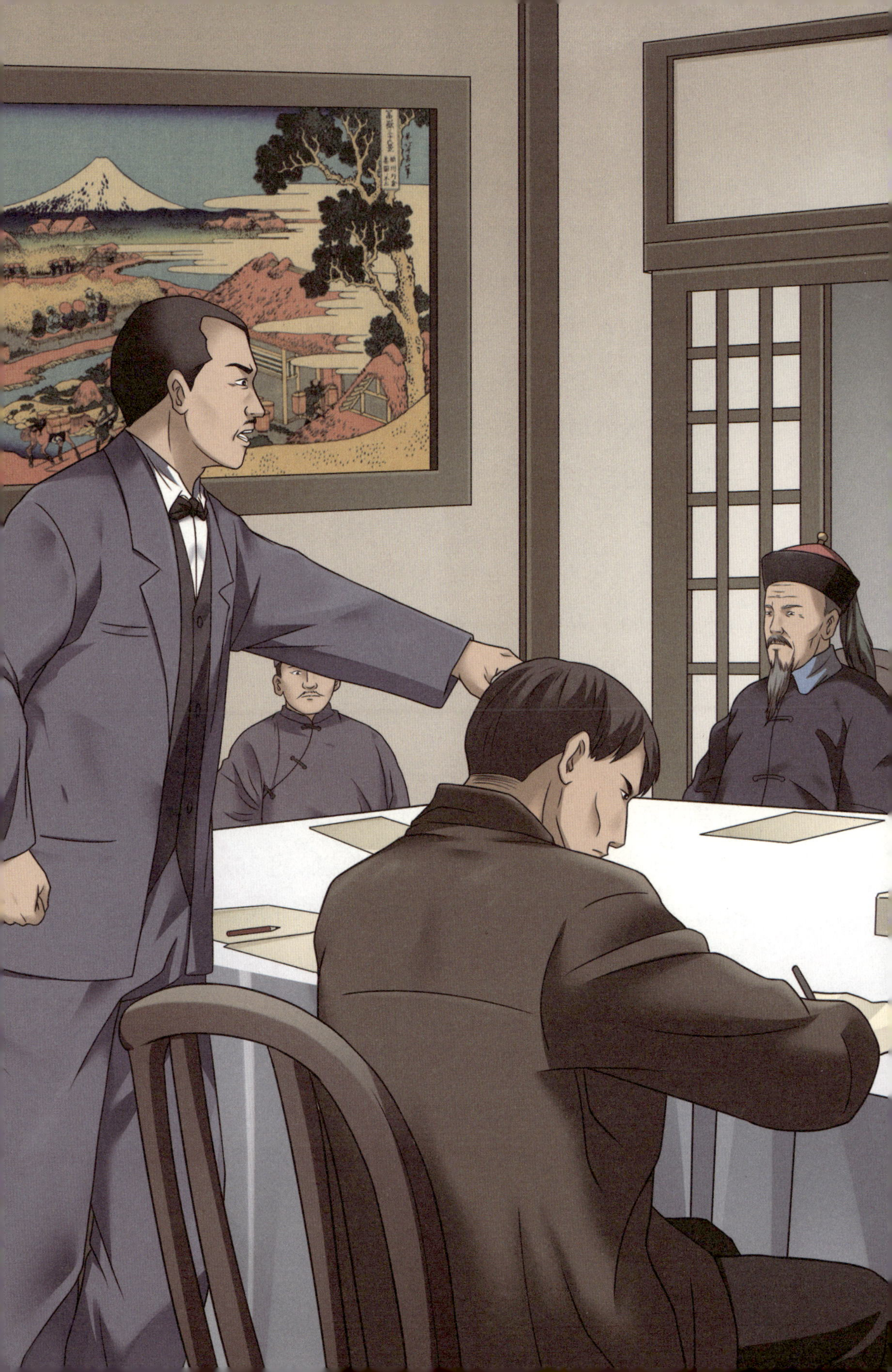

姜 sir：北洋水师全军覆没，清朝战败。

小 Q：啥？全军覆没？发生了什么？

姜 sir：那个时候我们想用什么武器装备都是去买，而不像现在能够自己研制。北洋海军的"定远"号和"镇远"号两艘战舰号称全球一等铁甲舰，实力在亚洲可是数一数二的，但后来就没有增添任何一艘新战舰。而日本却不停地买，最终整体实力超过了清朝。

小 Q：为什么清朝不买呢？眼看着人家超过自己。

姜 sir：因为甲午战争爆发的1894年，是慈禧太后的59岁生日，60大寿要过得隆重，所以要修缮（shàn）颐和园，钱都用来过生日了。

小 Q：过生日要花很多钱吗？买军舰的钱都没有了。

姜 sir：当初建立北洋海军时，花费了700多万两白银。而慈禧的生日光是在《皇太后六旬庆典》上所记录的花费，就耗费了不少于1000万两白银。可以说，过一次生日的钱完全可以组织一支舰队。由于军费被挪用，北洋海军弹药得不到补充，装备得不到更新，老化的战舰也得不到改装，就这样一败涂地。

小 Q：这太可恶了。

姜 sir：并且日本战舰的速度是清朝战舰的1.6倍。同时北洋水师的炮弹多数都是当时我们天津机器局造的实心弹，这种弹头里面填充的是沙土，能穿破敌方舰船，但没办法爆炸。而日本的炮弹打中北洋军舰之后不但能炸成碎片，还能产生威力巨大的冲击波。

**小Q**：太让人生气了，钱就不能用在购买先进武器上吗？

**姜sir**：慈禧的理由是，我们是大国，大国就要有大国的风范。过生日也是代表着我们的国威和实力，不要学日本那样的小国，天皇还要节约，去给国家买军舰，那还是皇帝吗？

**小Q**：我现在特别想知道清朝什么时候被推翻。

**姜sir**：甲午战争，清政府战败，被迫和日本签订了《马关条约》，赔偿日本军费两亿两白银，割让辽东半岛、台湾及澎湖列岛给日本。但由于俄、德、法三国的干涉，日本将辽东半岛退还给中国，中国还得付给日本白银3000万两作为补偿。

**小Q**：我们国家的领土被抢走了，拿回来还得给钱。这叫什么事？！

**姜sir**：《马关条约》签订的消息传出后，全国震惊。这个时候大家终于发现，清朝的落后已经不是科技的问题，而是制度的问题。光绪皇帝决定变法。那么光绪皇帝能否改革成功呢？我们下节见。

## 267 就这么快结束了？

各位同学，大家好，我就是那个人见人爱、花见花开、车见车爆胎的姜 sir。

大家好，我就是那个负责问问题的小 Q 同学。

**姜 sir**：上节我们说到甲午海战清朝战败，与日本签订了《马关条约》。这个消息传到北京城后，老百姓愤怒了，我们大清朝竟然被日本打败了，北洋水师竟然全军覆没。当时正在京城参加科举考试的举人都非常气愤。在这些举人之中，有两个人将会在中国历史上写下重要的一笔，他们就是康有为和梁启超。

**小 Q**：我都生气，败仗一场接着一场。

**姜 sir**：1895 年 4 月，康有为写了《上今上皇帝书》，并由梁启超负责修改，联合十八省的一千多名举人联名上书，抗议清政府和日本签订《马关条约》，还提出"拒和、迁都、练兵、变法"等主张，史称"公车上书"。

**小Q：** 清政府会接受改革的意见吗？

**姜sir：** "公车上书"在当时产生了巨大的影响，虽然最后没有得到清政府的同意，但康有为、梁启超这些人并没有放弃变法救国。康有为创办了《万国公报》宣传变法，后来因为与上海外国传教士在上海所办的《万国公报》重名，所以自46期开始改名为《中外纪闻》，每期10页，发行量每期3000份左右。

**小Q：** 清政府能批准这样的报纸出现吗？

**姜sir：** 仅仅办了四个多月，就在1896年1月20日被清政府查封，禁止发行。

**小Q：** 变法要是皇帝不同意，还真没办法。

**姜sir：** 1897年11月，德国找了个借口出兵侵占青岛，迫使清政府签订了《中德胶澳租借条约》，这就是中国近代史上著名的"胶州湾事件"。

**小Q：** 清政府真是谁都能随便欺负啊。

**姜sir：** 这时候的民族危机已经达到空前严重的地步。康有为再次上书请求变法救国，并联合来京城应试的举人及北京的一些文人组成政治团体。1898年4月12日，"保国会"正式成立。

小Q：太好了，国家就需要这样的人站出来。

姜sir：保国会先后开了三次大会，引起了那些顽固守旧势力的仇恨，一些人攻击保国会"惑众敛财，行为不端"，还有一些守旧的大臣也极力主张禁止保国会。在顽固派势力的阻挠破坏下，保国会基本停止了活动。

小Q：国家都什么样了，还有这种势力的存在！

姜sir：保国会虽然被禁了，但它传播的思想已经影响到了清朝的光绪皇帝。1898年6月11日，光绪皇帝正式下令宣布变法，史称"戊戌变法"。

小Q：终于等来变法啦！

姜sir：别激动。戊戌变法又称为"百日维新"，因为它只进行了103天，就失败了。

小Q：这么短，才3个多月。

姜sir：变法是一场深刻的社会变革，需要全国、全社会大量的人一起参与。但戊戌变法的很多新思想并没有在全国引起很大的反响，很多先进的想法大家都没听过。比如当时的变法希望外国人帮助中国变法，老百姓怎么能同意呢？还要邀请日本的伊藤博文来中国，甲午战争就是他发起的，中国老百姓恨不得吃了他。这让老百姓怎么支持？

小Q：感觉戊戌变法有点纸上谈兵，不切实际呢。

姜sir：戊戌变法所有的措施没有一项涉及农民最关心

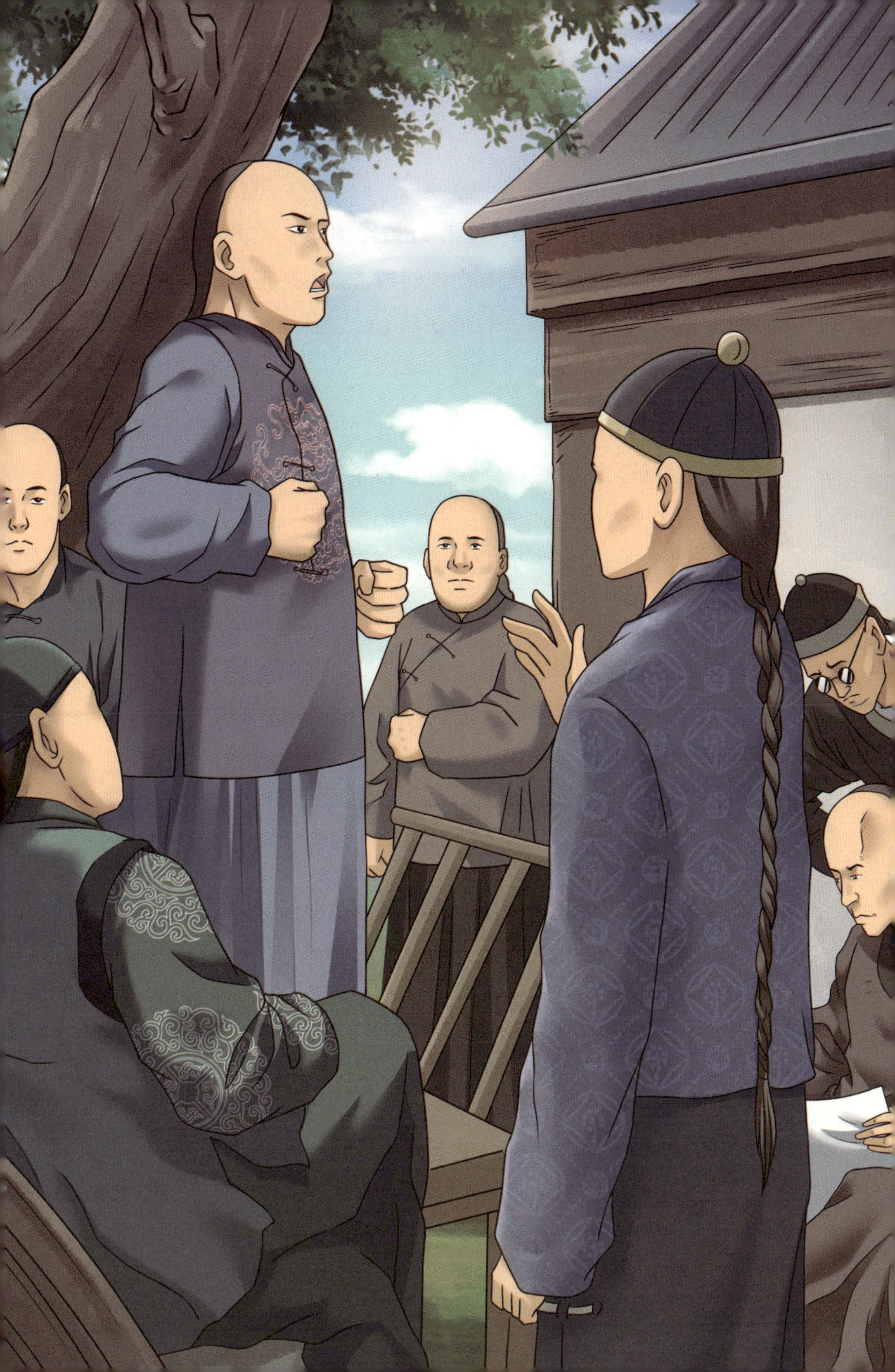

的土地问题，这怎么可能得到他们的支持？维新派希望中国快速变法，在10年内走完西方国家300年才走完的自强之路，这怎么可能？中国有中国的国情，不是把外国的东西搬过来就能直接用的。百日维新的103天时间里，清政府颁布了100多条诏书命令，涉及政治、经济、军事、文化、社会等方方面面，却根本没有做到颁布一项，落实一项，而是片面追求数量，企图一夜之间把中国改革完毕。再说，就算改革，也需要考虑慈禧的态度啊。

小Q：看来光绪皇帝说话还是不太管用。

姜sir：慈禧最初是支持改革的，但大前提是她的权力不能变，满族的习俗不能改。但越往后，慈禧却发现光绪试图摆脱她的控制。于是慈禧动手了，再次"垂帘听政"，光绪皇帝被囚禁。康有为、梁启超只好逃往日本。谭嗣同、康广仁、林旭等"戊戌六君子"被杀。谭嗣同本来也可以东渡日本，避免慈禧太后的搜捕，但他没有这样做，他说："各国变法，无不从流血而成，今中国未闻有因变法而流血者，有之，请自嗣同始。"谭嗣同被捕后在监狱中写下了"我自横刀向天笑，去留肝胆两昆仑"的名句。他在临死前大喊："有心杀贼，无力回天，死得其所，快哉快哉！"就这样，轰轰烈烈的戊戌变法结束了。

小Q：我觉得这次变法虽然失败了，但一定对当时很多人的思想产生了影响。

**姜sir**：没错。戊戌变法虽然失败了，但也让人们知道了，当时的中国，只有大的变革才能彻底摆脱这种被人欺负的命运。而接下来就有一个能带来一些"大的变革"的民间团体要诞生了，它是个什么样的团体呢？我们下节见。

## 268 慈禧跑了

各位同学,大家好,我就是那个人见人爱、花见花开、车见车爆胎的姜 sir。

大家好,我就是那个负责问问题的小 Q 同学。

**姜 sir**:上节我们说到虽然戊戌变法失败了,但帝国主义侵略者和整个中华民族的矛盾越来越严重。这已经不只是清政府自己的事情了,它已威胁到全国人民的利益。可就在这样的情况下,西方传教士还被允许在中国建立教堂和传教。出于文化、风俗差异的原因,他们与地方百姓经常发生冲突。

**小 Q**:清政府不会还向着外国人吧?

**姜 sir**:被你说对了!老百姓得不到政府的保护,只能组织力量自卫,于是一些民间团体就产生了。还有清政府赔的那些钱最终从哪里来?也是百姓。这时候如果在以往的朝代,农民起义肯定就爆发了,但现在百姓的恨都还在外国人身上,并没有反对清政府。1897年,山东冠县梨园屯村村民与教堂发生冲突,当地拳会组织头领赵三多带人前去援助村民,共同对付教会。后来赵三多将组织改名为义和拳。1898年6月,山东巡抚上奏朝廷,认为义和拳属于乡团,建议"改拳勇为民团",称义和拳为"义和团"。

小Q:我猜会有很多人参加。

姜sir:这时候的义和团不是要推翻清朝,而是要消灭洋人,打的是"扶清灭洋"的口号。这就是"义和团,起山东,不到三月遍地红""一概鬼子全杀尽,大清一统庆升平"。

小Q:我怎么感觉有点太冲动了。

姜sir:义和团的宗旨就是,只要是外国的,都是坏的。当时的清政府对于义和团合法还是不合法,在相当一段时间内也没有一个明确、统一的政策,往往由各级官员自行决定。他们有的支持,有的反对,但最终朝廷决定明确支持义和团。

小Q:问题是国家都打不过那些洋人,百姓能做什么呢?

姜sir:说来有点可笑,当时的一些官员竟然真的相信义和团的各种"法术"能刀枪不入,打败现代化武器装备的洋人。1900年,义和团进入京津后,许多传教士和中国教民被杀,铁路、电线、机器、轮船等都被毁坏,甚至用火柴都会被杀。还有的人想冲进皇宫捉拿光绪皇帝,谁让他当年搞了戊戌变法。

**小Q**：这不是给外国人出兵的借口吗？

**姜sir**：湖广总督张之洞多次强调政府想要利用义和团来打击洋人的想法是大错特错，一旦义和团扰乱京城，会出大事的。很多地方官员已经认识到，朝廷盲目借用义和团的力量来反洋，实在是太疯狂了，必然会引发西方的再次进攻。

**小Q**：最后的结果呢？

**姜sir**：1900年8月14日，英国、法国、德国、沙俄、日本、美国、意大利、奥匈帝国八国联军侵占北京。八国联军占领北京以后大肆屠杀，城破之日，洋人杀人无数；但闻枪炮轰击声，妇幼呼救声。1900年8月28日，八国联军在皇宫举行了入城仪式，各国军队在天安门广场金水桥前集结列队通过天安门，穿过皇宫，出神武门。俄国军乐队吹奏各国国歌、乐曲。北京被占领以后，八国联军统帅批准士兵公开抢劫3天，以后各国军队又抢劫了很多天。中国的珍贵文物被洗劫一空，就连太和殿前存水的铜缸上面的镀金，也被侵略军用刺刀刮去。《永乐大典》和《四库全书》也被损坏了。

**小Q**：太生气了，慈禧呢？她没被抓住吗？

**姜sir**：慈禧太后和光绪皇帝弃城逃往西安，第二年才回京。他们还给这次大逃亡取了个好听的名字——"两宫西狩（shòu）"，意思就是我去打猎了。同时在西逃的时候，慈禧还下达了对义和团的围剿命令，清军对义和团进行了残酷的

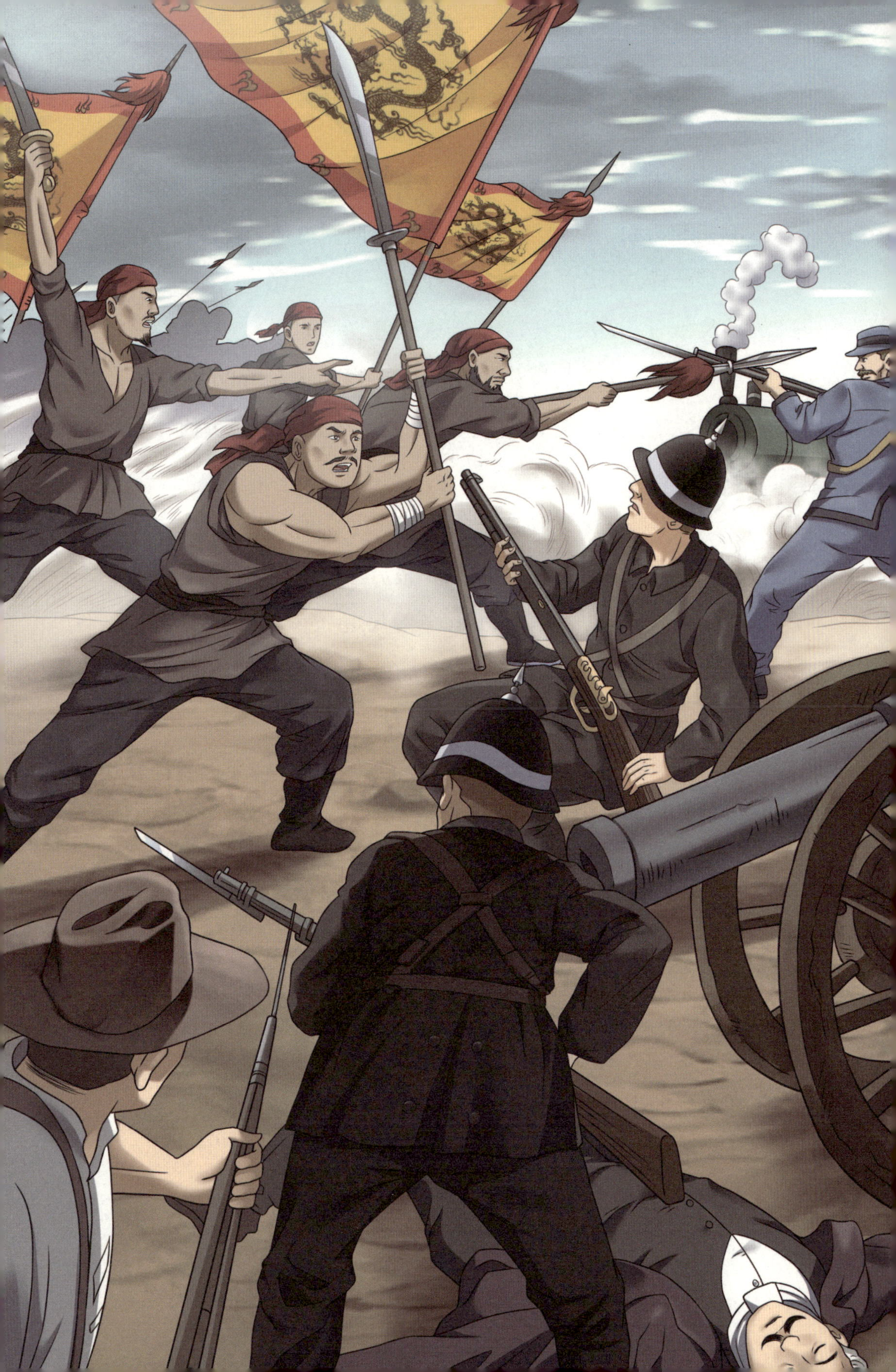

镇压。而慈禧从西安返回北京紫禁城时，完全没了西逃时的仓皇和狼狈，队伍浩浩荡荡，官员两侧跪地，就像打了胜仗凯旋一样。

**小Q**：那八个侵略国又从我们这里抢走了多少东西？

**姜sir**：按照文物专家的估计，总数应该在1600万件以上。其中，有大约30万件国宝级文物，各处库款所失约计6000多万两白银。

**小Q**：我深深地记住"落后就要挨打"这句话了。

**姜sir**：抢文物，杀百姓，最后他们还要逼迫我们签订不平等条约——《辛丑条约》。条约规定：第一，清政府保证严禁中国百姓参加反帝运动，就是再也不能有类似义和团这种反对外国的团体出现。第二，赔款4.5亿两，算上利息9.8亿两白银。第三，划定北京东交民巷为使馆界，允许各国驻兵保护，不准中国人在里面居住。第四，清政府拆毁天津大沽口到北京沿线设防的炮台，允许各国派驻兵驻扎北京到山海关铁路沿线。

**小Q**：这还是自己的国家吗？就没有人站出来推翻这个朝廷吗？太屈辱了。

**姜sir**：如果再没有人站出来，整个中国就要被瓜分了，这时候的中华民族面临着重要的历史抉择，谁会站出来呢？我们下节见。

## 269 同盟会成立了

各位同学,大家好,我就是那个人见人爱、花见花开、车见车爆胎的姜 sir。

大家好,我就是那个负责问问题的小 Q 同学。

**姜 sir**：上节我们说到八国联军入侵北京,清政府签订了《辛丑条约》,一个又一个的不平等条约,已经让人压抑得喘不过气来了。清政府终于真心实意进行了一系列改革,这就是"晚清新政"。"新政"中很重要的一项是编练新军。从 1901 年 8 月开始,全国停止科举考试的武举,开始建立以西方军事院校为标准的学堂,聘请外国教官。此外,他们还派遣留学生出国考察学习,目标是建立一支听命于朝廷的现代化常备军。

**小 Q**：这支军队建成了吗？

姜sir：还是没有。新军只效忠于他们的首领，比如新军里最精锐的北洋军，只效忠于袁世凯。即使后来袁世凯被剥夺了兵权，北洋军也只听袁世凯的。

小Q：北洋军战斗力很强吗？

姜sir：新军以"军"为最高级编制，接下来是镇、协、标、营、队、排、棚。一军分为两镇，每镇有步兵、骑兵、炮兵、工程队和辎重队五个兵种。一个镇兵力有1.2万人左右。北洋军有六镇，就是北洋六镇，这是清朝最强大的精锐。王士珍、段祺瑞、冯国璋、张勋、张作霖、吴佩孚、孙传芳这些影响中国历史进程的人物，都曾是袁世凯的手下。

小Q：看来袁世凯有实力推翻清朝了。

姜sir：1905年9月，清朝宣布从下一年起废除科举考试。从隋唐开始传承的考试制度历经一千多年自此结束，而现代教育体系开始以惊人的速度发展。

小Q：那接受了新的思想的人，一定会有大的变化吧？

姜sir：无论是从新式学堂出身，还是从国外留学归来的学生，他们的观念、知识体系都发生了大的变化。他们发现，这个国家最大的问题是制度问题。要想振兴中华民族得改变这种制度。

小Q：那会不会和戊戌变法一样，支持的人不多呢？

姜sir：这时候已经和当年不一样了，很多报纸、书籍大量发行出版,《民约论》《理财学课本》《政治学》《经济通论》《美国独立战争史》《万国宪法比较》《葡萄牙革命史》等书籍广为流传,让很多人大开眼界——原来世界是这个样子的。

**小Q**:清政府会让这类书籍出版吗?

**姜sir**:不仅清政府不让,外国侵略者也不想让,他们不愿意看到清朝被推翻,不想让中国崛起新的力量,所以有些刊物被迫停刊了。但是,防民之口,甚于防川,新思想是挡不住的。1903年5月出版的宣传革命的小册子《革命军》,短短一两年,销售了100多万册。随着新思想的广泛传播,国内革命团体在1904年前后开始大量出现,有孙中山在国外较早创建的兴中会,黄兴、宋教仁创建的华兴会,浙江的光复会,等等。

**小Q**:感觉推翻清朝的统治就要靠他们了。

**姜sir**:这些小团体数量很多,却不能统一行动,这时候就需要一个领袖出面,把各地分散的力量联合起来,建立一个全国性的统一组织,才有可能进一步发动大规模的革命。这个领袖就是孙中山。

**小Q**:国庆节的时候,天安门广场上也会摆出孙中山先生的画像。

**姜sir**:这是全体中华儿女对这位伟大的民族英雄、伟大的爱国主义者、中国民主革命的伟大先驱的景仰和崇敬。

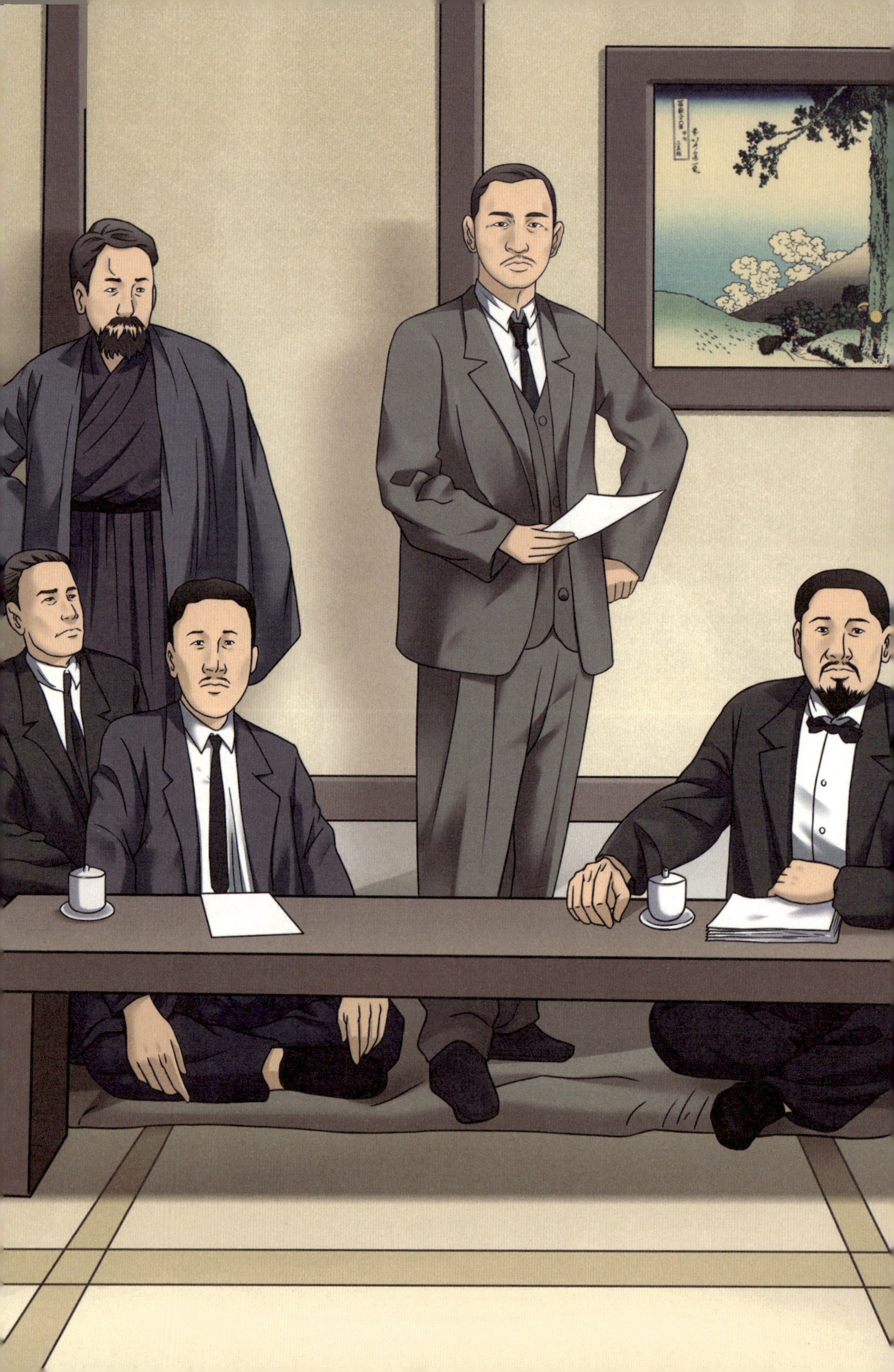

1905年7月，孙中山找到了黄兴，商量和华兴会联合的事情。7月28日，孙中山又与华兴会的骨干宋教仁、陈天华进行会谈，他始终强调建立一个统一组织的意义。1905年7月30日，孙中山和黄兴派人邀请各省的留学生，在东京举行建立同盟会的筹备会，商讨组建统一的革命组织。经反复讨论，最后确定组织名称为中国同盟会，简称同盟会。那么同盟会最终能否推翻清朝的统治呢？我们下节见。

## 270 伟大的辛亥革命

各位同学,大家好,我就是那个人见人爱、花见花开、车见车爆胎的姜 sir。

大家好,我就是那个负责问问题的小 Q 同学。

**姜 sir**：上节我们说到同盟会建立了。同盟会最初就是 16 字誓词：驱除鞑虏（dá lǔ），恢复中华，创立民国，平均地权。孙中山后来将这 16 字誓言归结为民族、民权、民生三大主义。

**小 Q**：听着很令人激动，不过它们具体是什么意思呢？

**姜 sir**：民族主义就是驱除鞑虏，恢复中华，主张以暴力革命的方式，武装起义，推翻清朝统治，建立一个以汉族为主体的民族国家，实现中国的独立和国内民族的平等。民权主义就是创立民国，废除封建专制制度。没有什么皇帝了，要建立民主共和国。民生主义就是平均地权，解决老百姓的土地问题。

**小Q：**太棒了！我举双手赞成。

**姜sir：**中国同盟会一成立，就开始准备武装起义，对清政府展开猛烈的攻势。从1906年到1911年，他们不断地发动武装起义，但遭到了清政府和外国列强的合力围剿（jiǎo），大多都失败了。为了推翻这黑暗的封建统治，无数革命者抛头颅、洒热血，比如著名女烈士秋瑾英勇就义时，年仅32岁。

**小Q：**失败是成功之母，革命一定会成功的。革命烈士的鲜血不会白流的。

**姜sir：**虽然很多次起义失败，但一切条件都在慢慢成熟，只要有一根导火索，全国大起义就会开始。这根导火索就是四川保路运动。当时清政府为了寻求外国的支持，竟要把湖南、湖北的铁路送给洋人。老百姓不干了，掀起了收回路权的运动。

**小Q：**这当然不能同意啊，铁路多重要。

**姜sir：**1911年6月17日，川汉铁路公司在成都成立了保路同志会，四川各地纷纷响应。清政府对四川掀起的保路运动很不满，命令四川总督进行镇压，杀害了数十名请愿群众。这就把老百姓彻底惹怒了，我们维护祖国的权益，还得被杀？于是各地同志军纷纷揭竿而起，围攻成都，总数竟达二十余万人。这场由保路运动引发的起义，最终成为武昌起义的导火索，全国武装起义的第一枪即将打响。

**小 Q**：好激动！

**姜 sir**：1911 年 10 月 10 日晚，新军第 8 镇工程第 8 营打响了武昌起义的第一枪，各标营革命士兵闻声纷纷响应。经过一夜激战，武昌完全被革命军所控制。在武昌起义胜利消息的鼓舞下，汉阳、汉口的革命士兵相继举行起义。武昌起义的枪声和其胜利的消息，迅速传遍了全国。两个月内，内地 18 个省区中有 14 个省脱离了清朝的统治。

**小 Q**：那外国侵略者会不会又出兵干涉呢？

**姜 sir**：外国侵略者紧急调集军队，准备武装干涉中国革命，同时要求清政府重用袁世凯，想通过袁世凯挽救清政府，来维持他们在中国的利益。袁世凯趁机夺取了清政府的军政大权。

**小 Q**：那袁世凯要是也起义造反，清朝不就完了吗？

**姜 sir**：袁世凯掌握清政府的军政大权后，却没有第一时间攻打南方革命起义军，因为他的野心更大，他想要全国的政权。袁世凯让英国人当中间人去和起义军谈判，双方可以不打，但要让袁世凯当总统。12 月 18 日，双方代表在上海正式开始谈判，最终约定只要袁世凯能让清朝皇帝退位，就选他来当共和国第一任大总统。

**小 Q**：不应该是孙中山吗？

**姜 sir**：1911 年 12 月 29 日，各省代表联合会在南京举行

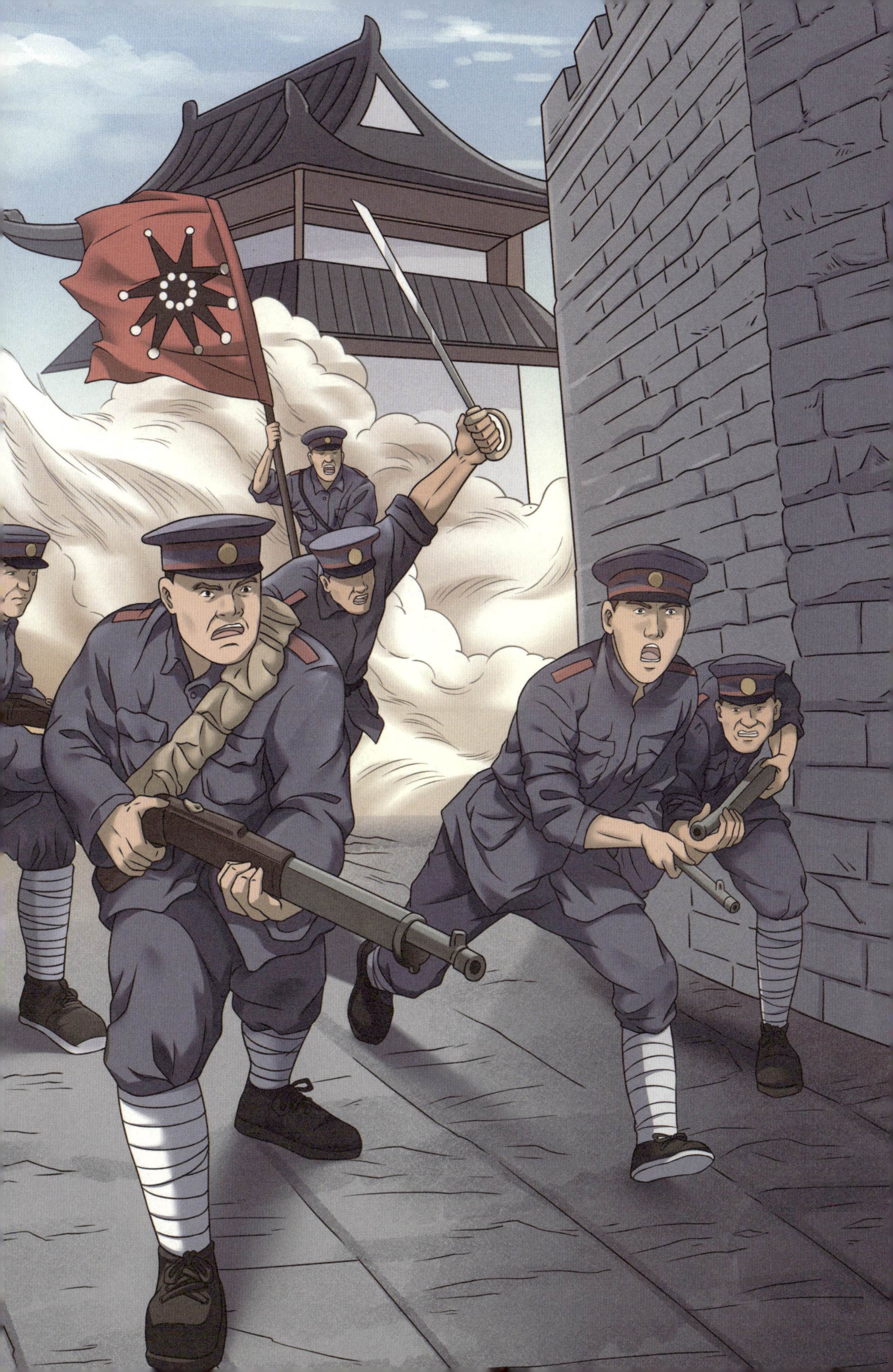

临时大总统选举会议，孙中山当选临时大总统。1912年1月1日，孙中山在南京宣誓就职，宣告中华民国成立，南京临时政府成立了，但北面的清朝还在，所以革命尚未成功。孙中山当选临时大总统后，袁世凯很生气，中止了南北和谈。以孙中山为首的革命党人组织大军北伐，虽然取得了一些胜利，但各方面的压力很大，所以很多人还是希望以和平的方式完成革命。1912年1月15日，孙中山致电袁世凯，双方达成协议：只要袁世凯赞成共和国，推翻清朝，孙中山立刻辞职，袁世凯任民国政府临时大总统。于是袁世凯指使北洋将领逼宫，1912年2月12日，清朝最后一个皇帝溥仪宣布退位。清王朝至此覆灭。

**小Q**：辛亥革命成功了！

**姜sir**：2021年10月9日，纪念辛亥革命110周年大会上，习近平主席发表了讲话：110年前，以孙中山先生为代表的革命党人发动了震惊世界的辛亥革命，推翻了清朝政府，结束了在中国延续几千年的君主专制制度，近代以来中国发生的深刻社会变革由此拉开了序幕。这是中国人民和中国先进分子为实现民族独立、人民解放进行的一次伟大而艰辛的探索。……孙中山先生和辛亥革命先驱为中华民族建立的历史功绩彪炳（biāo bǐng）千秋！在辛亥革命中英勇奋斗和壮烈牺牲的志士们名垂青史！

**小Q：**清朝终于结束了，清末这段被欺负的历史，太让人难受了。

**姜 sir：**清朝到底和侵略者签订了多少不平等条约？我们到底赔了多少钱呢？我们下节见。

## 271 学学人家左宗棠

各位同学,大家好,我就是那个人见人爱、花见花开、车见车爆胎的姜 sir。

大家好,我就是那个负责问问题的小 Q 同学。

姜 sir：晚清以后,一个个不平等条约不停地签,大家熟知的有第一次鸦片战争失败后与英国签订的《南京条约》,第二次鸦片战争失败后与英国、法国签订的《天津条约》《北京条约》,甲午战争失败后与日本签订的《马关条约》,八国联军侵华后签订的赔款数额最大的《辛丑条约》。

小 Q：难道还有?

姜 sir：这只是一小部分,而且这些条约还有大量的附属条约和补充条款,比如《中英南京条约》签订后,英国又利用清政府不懂国际惯例,强迫清政府签订了《中英虎门条约》。

这就相当于，大条约下还有各种小条约。还有，跟一个国家签订条约，其他国家往往也会趁火打劫。例如，中英、中法《天津条约》谈判期间，俄、美就打着"调停"的旗号，诱使清政府签订了《中俄天津条约》和《中美天津条约》。

小Q：我们竟然和这么多国家签订过不平等条约！

姜sir：还不止这些呢！还有日本、德国、意大利、西班牙、葡萄牙、奥地利、比利时、丹麦……根据统计，排名前三的是俄国、英国、日本。

小Q：那民国建立了，这些不平等条约还会继续履行吗？

姜sir：中华民国成立后，为了让西方列强承认这个新的政权，南京临时政府宣布承认清政府签订的一系列不平等条约。然而，这种"和平主义"的外交方针却依然没有换来列强的认同和支持——他们反而想着利用这个机会捞到更多利益。1917年，俄国十月革命后，苏维埃政权为了获得中华民国政府承认，自愿放弃沙俄时期在中国获取的一系列特权。第一次世界大战后，德国作为战败国，在中国一切特权宣告结束。1942年，英、美两国主动提出放弃两国在中国特权，但最霸气的还是1949年新中国成立后，宣布废除一切不平等条约，外国军队退出中国领土、领空、领水。

小Q：就应该这么强硬！

姜sir：说到强硬，其实也不是所有的清朝官员都那么软弱无能。这就不得不提到左宗棠抬棺收复新疆的事了。

**小Q**：左宗棠？我好像在哪儿听过这个名字。

**姜sir**：梁启超曾经评价左宗棠是五百年来第一伟人！还有人说："天下不可一日无湖南，湖南不可一日无左宗棠。"他和李鸿章、曾国藩以及张之洞一起号称"晚清四大名臣"。而左宗棠当年做官的推荐人也是鼎鼎有名的林则徐。就是这样的人物，使被俄国侵占的新疆重新回到了祖国的怀抱。

**小Q**：哦？他是怎么做到的？发生了什么？

**姜sir**：在古代，新疆被称为西域，自汉朝以来就是中国不可分割的一部分。1757年，乾隆彻底平定了准噶尔叛乱，收复了这块土地，将其命名为"新疆"。但是到了清朝末年，沙俄又盯上了这块地方。1860—1864年，沙俄通过与清政府签订的《中俄北京条约》和《中俄勘分西北界约记》，侵占了中国西部44万多平方公里领土，妄想吞并整个新疆。1865年，中亚浩罕汗国在英国的支持下，率军侵入新疆，建立了反动政权。1871年，沙俄出兵占领伊犁，新疆面临被吞并的危险。当时清政府内部对于新疆有两种意见，一种是以李鸿章为首的"海防派"，认为新疆没必要收复，应全力巩固海上的防御力量。另一种是以左宗棠为首的"塞防派"，认为边塞防御和海防同等重要，新疆必须收复。最终，清朝廷采纳了左宗棠的意见。左宗棠用一年半的时间筹措军饷，整顿军队。1876

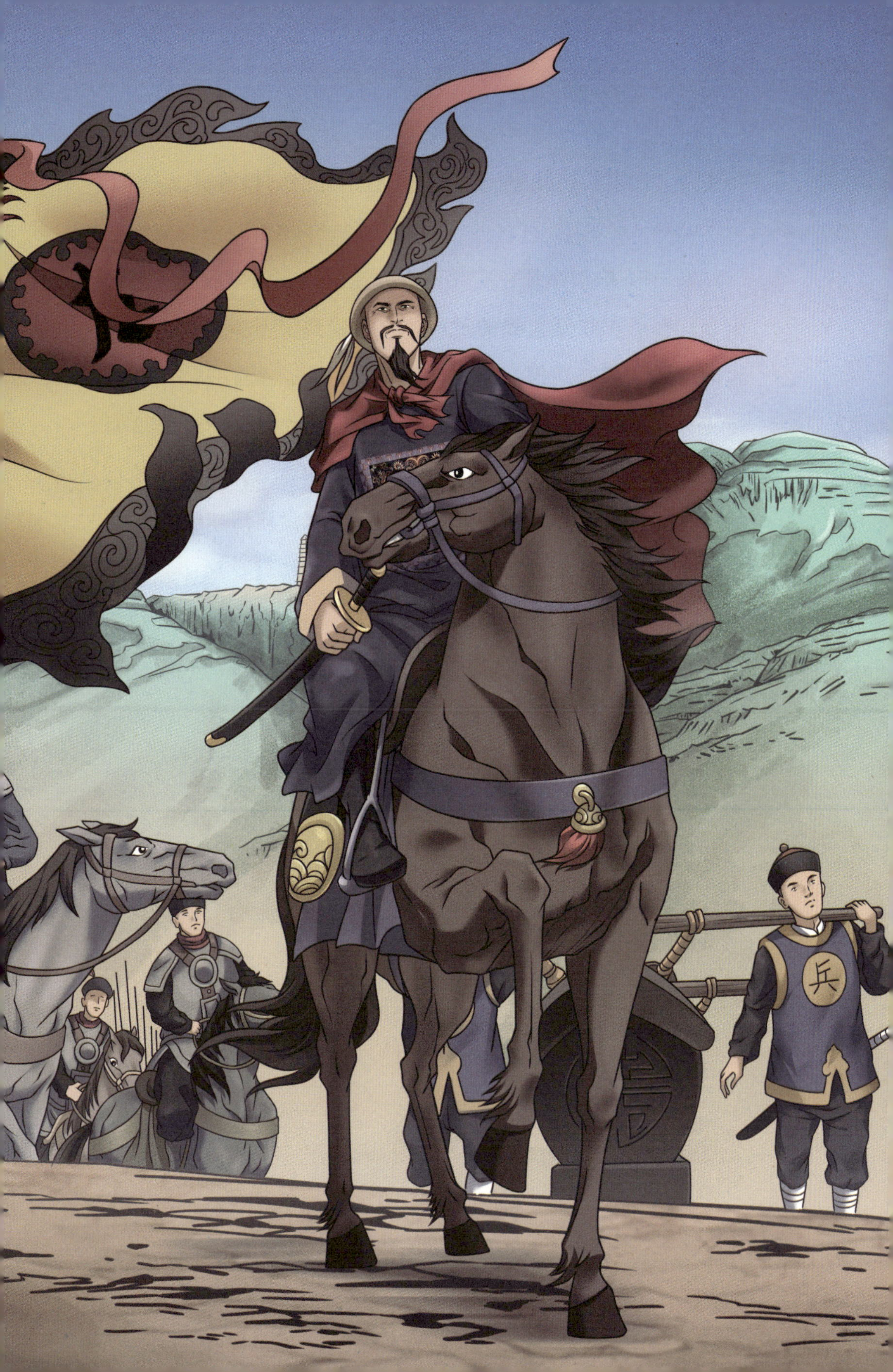
兵

年4月，左宗棠挂帅出征，一同前行的还有一口棺材。

**小Q**：这多不吉利啊，棺材是去世的人用的。

**姜sir**：抬棺出征，宁死不退，这就是左宗棠收复失地的决心。在清军收复新疆的过程中，也受到了不少来自西方国家的干预和威胁，但左宗棠始终没有后退。到1878年1月，除伊犁外的所有新疆领土均已被清军成功收复。1881年2月24日，清政府与沙俄代表签订了《中俄伊犁条约》和《改订陆路通商章程》，沙俄军队撤出伊犁，伊犁重回清朝版图。

**小Q**：这才是力挽狂澜的民族英雄，总是听到那些不平等条约，我都快吃不下去饭了。

**姜sir**：提到吃，那我们可得对清朝的美食做一下总结。清朝都有哪些美食呢？我们下节见。

## 272　满汉全席真的有吗？

各位同学，大家好，我就是那个人见人爱、花见花开、车见车爆胎的姜 sir。

大家好，我就是那个负责问问题的小 Q 同学。

**姜 sir**：每一个国家都有自己的饮食文化，中国饮食文化更是博大精深。中国美食向来讲究色香味俱全。常见的调味料有油、盐、酱、醋、姜、蒜、花椒……烹饪方法常用的就有 20 余种，煎、烤、炒、炸、熘、炖……

**小 Q**：中国可真是一个美食大国！

**姜 sir**：牧童骑黄牛，歌声振林樾。意欲捕鸣蝉，忽然闭口立。

**小 Q**：我这都拿着碗等着吃美食了，怎么背上袁枚的古诗了？

姜 sir：这首诗的作者袁枚曾经用四十年时间整理出了一部菜谱——《随园食单》。

小 Q：我还以为袁枚就是个诗人呢，还写过菜谱，不错不错！

姜 sir：《随园食单》不是一部简简单单地讲"吃"的书，它还将传统文化思想融入了饮食。《随园食单》详细记录了 14 世纪至 18 世纪流行的 326 种南北菜肴。书中提出，不管用任何手法去做菜，都要遵循材料原本的特点，因为不同食材配上不同的调料味道会不一样，比如鸡肉、竹笋本身就很鲜，要吃它的原味道，调料就少放；像鳗鱼、牛肉、羊肉还有猪肉内脏这些本身带有浓重腥、膻味道的食材，就应该多用一点调料。

小 Q：超级赞同。

姜 sir：袁枚还对一些不良的饮食和烹饪习惯提出了批评。不过他的有些批评你可能就不那么赞同了。例如，袁枚特别反对吃火锅。

小 Q：啊？为什么啊？

姜 sir：《随园食单·戒火锅》里给出的理由是：第一，红汤或白汤汤汁沸腾翻滚，不喜欢。第二，每种菜有每种菜的火候，一锅煮了不好，不喜欢。第三，蔬菜、肉类在锅中煮时间长了，就变味了，不喜欢。

**小 Q**：袁枚可以试试那种分着煮的火锅。

**姜 sir**：这本书还记录了燕窝、海参、鱼翅、鲍鱼、淡菜、干贝、生蚝等海鲜的烹饪方法。书中以介绍江浙地区的菜肴为主，但也提到了一些京菜、粤菜、徽菜、鲁菜等地方菜式。此外还有对宫廷菜的介绍，比如王太守八宝豆腐。

**小 Q**：这是一道什么菜？听着很好吃的样子。

**姜 sir**：这道菜用八种不同的优质原料制成，据说还是康熙皇帝赐名为"八宝豆腐"的。康熙皇帝把菜谱赐给了一位尚书，后来菜谱又传到了尚书门生的后人王太守那里，就叫了王太守八宝豆腐。具体做法是：把嫩豆腐切成小方块和鸡汤同时倒入锅内，加鸡肉末、火腿末、香菇末、鲜蘑末、瓜子仁末、松子仁末一起炒滚起锅。那滋味真是鲜美。

**小 Q**：当一个有文化的美食家挺好的。

**姜 sir**：当然书里面除了这种高端的宫廷菜，也有平时在家自己就能制作的家常菜，比如"韭菜切末拌肉，加作料，面皮包之，入油灼之"，你能猜出它是什么菜吗？

**小 Q**：这是韭菜合子，我们家就吃过。

**姜 sir**：我们现在常吃的很多美食都来源于清朝。比如宫保鸡丁这道菜相传是由清朝官员丁宝桢所创。他为官清正，清廷为了表彰他的功绩，封他为"太子太保"，也就是"宫保"，而他发明的这道菜也就被人们称为"宫保鸡丁"。

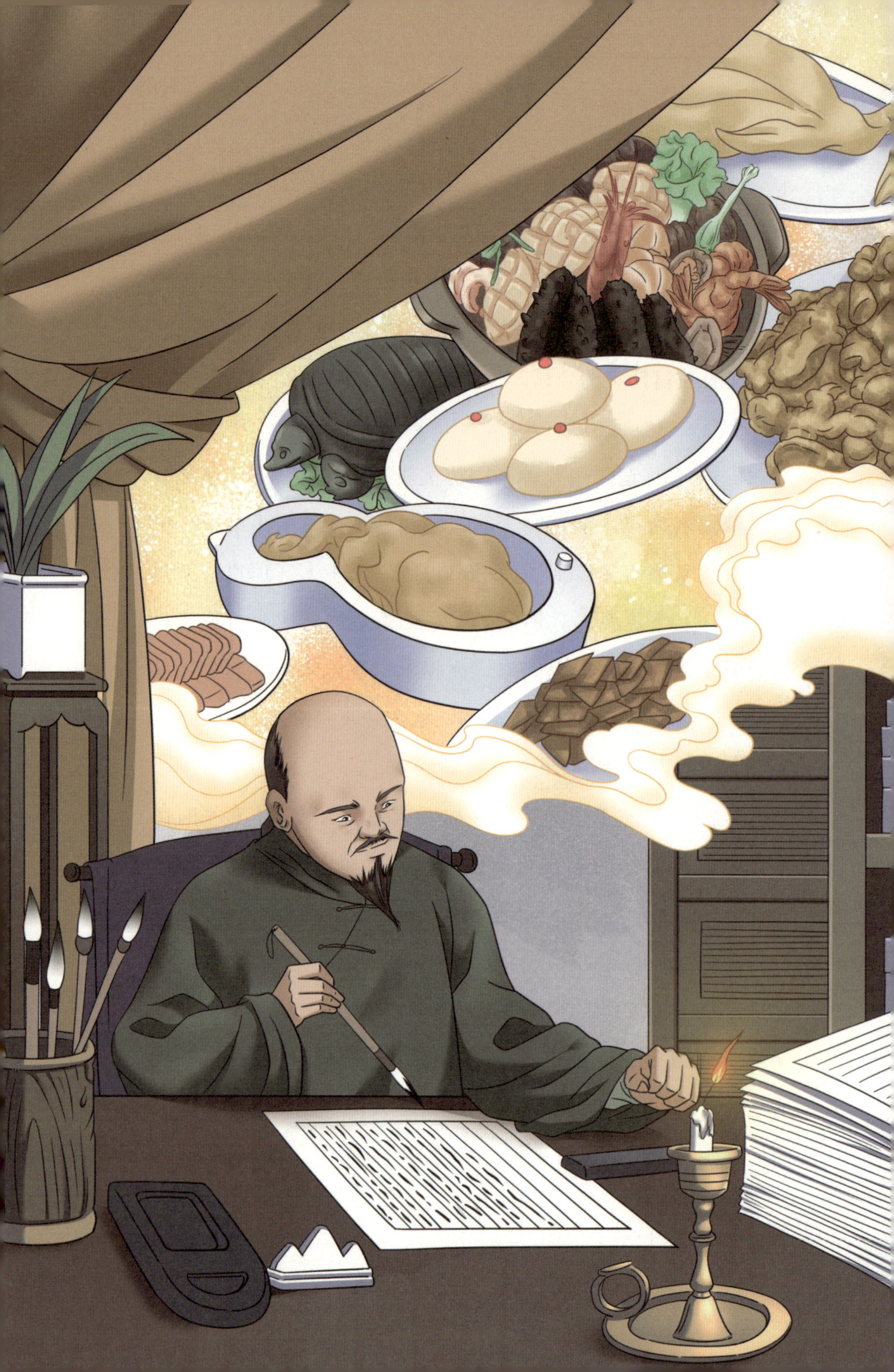

小Q：没想到宫保鸡丁的"宫保"还是个官职名称。

姜sir：还有麻婆豆腐。清朝同治年间，在成都万福桥边有一个饭店，饭店女老板人称"陈麻婆"，她对烹制豆腐有一套独特的技巧，做出的豆腐色香味俱全，被称为"陈麻婆豆腐"。

小Q：原来麻婆豆腐最初真的是"麻婆"做的。

姜sir：总督豆腐，河北保定的一道名菜，鲜味浓郁，金黄软嫩，相传是李鸿章常吃的一道菜，所以后人将此菜命名为"总督豆腐"。此外还有双皮奶、白斩鸡、啤酒鸭、驴打滚等美食都起源于清朝。

小Q：白斩鸡有鸡，啤酒鸭有鸭，驴打滚为啥没有驴呢？

姜sir：驴打滚最后一步要撒上黄豆面，就像小驴撒欢打滚时扬起的黄土，所以叫"驴打滚"。

小Q：清朝不是还有个特别有名的满汉全席吗？它是什么样子呢？

姜sir：这个名气相当大的"满汉全席"其实是有争议的。按民间的说法，"满汉全席"起源于清代，是集满族与汉族菜点之精华而形成的皇家大宴。菜品一般有108种，分3天吃完。然而，史学界却认为历史上并不存在真正的"满汉全席"，它只是民间酒楼、饭馆的传说。因为《清史稿》《清实录》《大清会典》等史料里从没出现过"满汉全席"这四个字，而最早提及"满汉全席"相关内容的民间笔记《扬州画舫录》，也没有使用"满汉全席"的说法，里面写的是"满汉席"。

小 Q：原来如此啊，估计是后人对宫廷宴席的一种想象。

姜 sir：延续到今天的不只有清朝的美食，还有清朝的一些建筑也保留到了现在，成为文化旅游胜地，都有哪些呢？我们下节见。

## 273 清朝建筑知多少

各位同学,大家好,我就是那个人见人爱、花见花开、车见车爆胎的姜 sir。

大家好,我就是那个负责问问题的小 Q 同学。

**姜 sir**:上节我们说到除了清朝的美食,清朝的很多建筑,也都保留到了今天,现在都是很好的旅游景点。比如南京的甘家大院,那是清朝著名文人甘熙的故居,也叫"甘熙宅第",民间俗称"九十九间半",和明孝陵、明城墙并称南京市明清建筑三大景观。

**小 Q**:它为什么叫"九十九间半"?

**姜 sir**:这半间表示没到 100 间的谦虚,同时民间一直传说故宫有 9999 间半,所以民宅最多不能超过 99 间半。但实际上,甘宅的房间数量要比这多得多。甘熙宅第的规模十分宏大，是甘氏家族几代人共同努力的成果，它是南京现有面积最大、保存最完整的私人民宅。现在也是南京市民俗博物馆所在地。在这里，我们既可以领略传统民居建筑的优雅精致，还可以阅读一个千年家族的兴衰历史，同时可以感受南京民俗文化的深厚底蕴。

小Q：有时间去南京，一定要去参观一下。还有其他建筑推荐吗？

姜sir：那一定要推荐世界文化遗产、国家5A级旅游景区、全国重点文物保护单位、中国四大名园之一的承德避暑山庄。

小Q：四大名园都是哪四个？

姜sir：苏州的拙政园和留园、北京的颐和园、承德的避暑山庄。

小Q：避暑山庄主要是夏天用的吧？

姜sir：承德避暑山庄又叫热河行宫，是清朝皇帝用来避暑消夏的一座离宫，占地564万平方米，是世界上现存最大的皇家园林。同时避暑山庄是按整个中国地貌设计的，以西北山区、东南湖区、北部平原区为原型修建，可以说是中国版图的缩影。大好河山的精华在这里集聚一堂，这就叫"一庄浓缩九州景"。

小Q：这一看就是大手笔修建的。

姜sir：这里也是中国三大古建筑群之一。

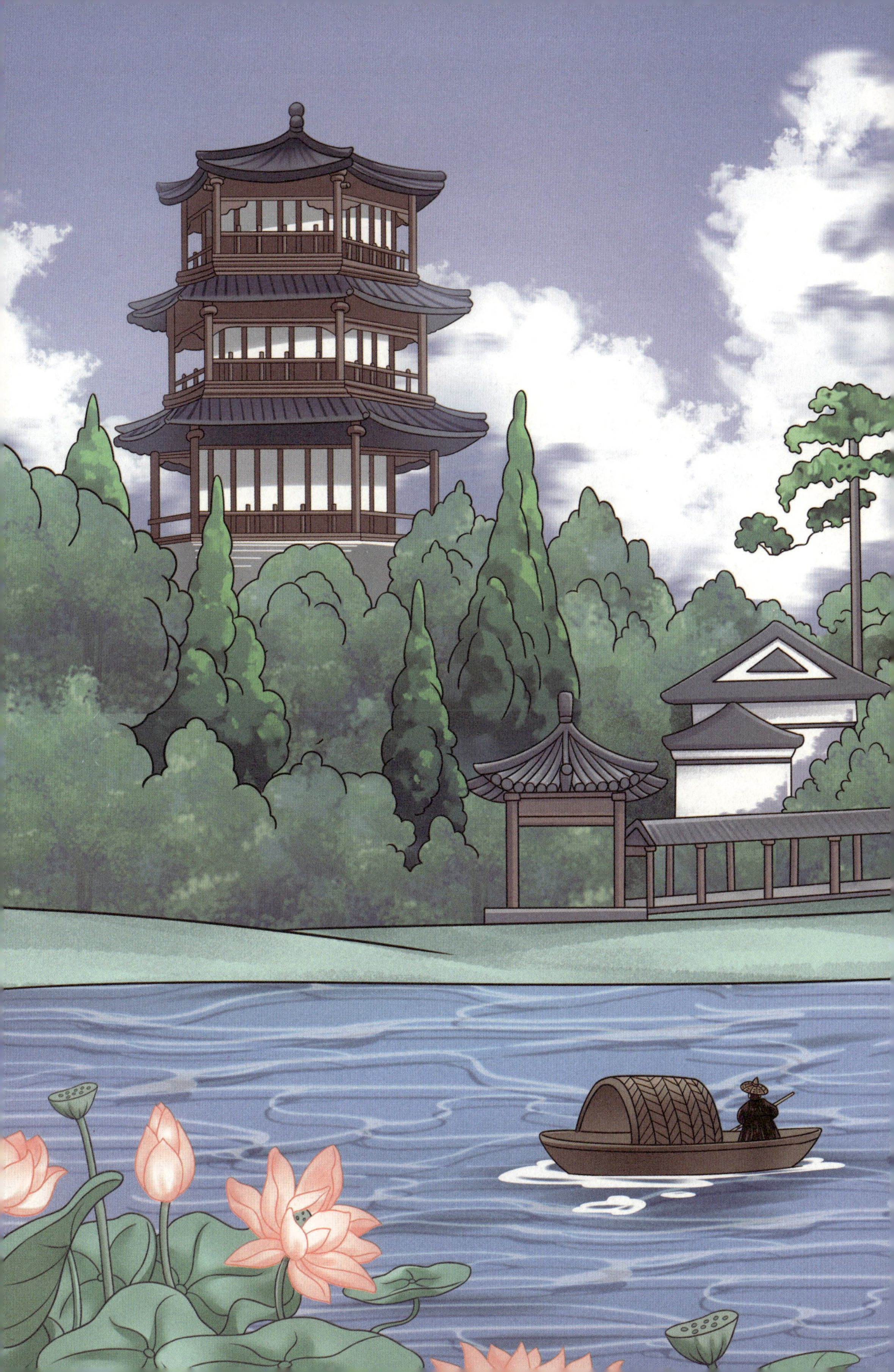

**小 Q**：刚才是四大园林，这怎么又来个三大古建筑群？

**姜 sir**：中国三大古建筑群分别是北京故宫、曲阜孔庙和承德避暑山庄。

**小 Q**：为什么避暑山庄的地址会选在承德呢？

**姜 sir**：第一是距离北京很近，仅 200 多公里，交通便利。第二是承德周围山川环绕、风景秀丽、气候凉爽，山、水、林、泉都齐全。自 1703 年康熙皇帝在这里选址修建避暑山庄后，承德由一个人烟稀少的小村落逐渐发展成为一个初具规模的城镇。到后来，清朝的皇帝有半年时间在这里处理朝政，承德就被称为"塞外京都"。

**小 Q**：那颐和园又是怎么来的呢？

**姜 sir**：颐和园，原名清漪园，是乾隆皇帝为他母亲修建的。颐和园的规划仿自杭州西湖。但颐和园也根据地形进行了再创作，既有西湖美景的精华，也有它自身的特色。

**小 Q**：看来乾隆皇帝很喜欢西湖啊。

**姜 sir**：乾隆皇帝一生 6 次南巡，非常喜欢江南景色，尤其喜欢杭州西湖。

**小 Q**：有没有那种不太出名但又值得去的清代景点？

**姜 sir**：江苏省淮安市的河下古镇，这里 70% 的房屋是清朝时期的。

**小 Q**：光看房屋有什么意思。

姜sir：在这里，明清两代就曾出过67名进士、123名举人、12名翰林，这其中还有状元一名、榜眼两名、探花一名。宋代的抗金英雄梁红玉、明代写《西游记》的吴承恩都来自这里。

小Q：这么厉害，一定要去感受一下。

姜sir：还有恭王府，它是清代规模最大的一座王府，也是目前唯一全面开放的王府。西洋门、"福"字碑和大戏楼为恭王府三绝。据说里面有9999只蝙蝠样式的雕刻和装饰。

小Q：为什么要用蝙蝠啊，多可怕。

姜sir：取谐音，福气多多。

小Q：还真讲究！

姜sir：还有，不要忘了圆明园，这里是清朝兴亡的见证。走在圆明园中，你的心中会莫名生出一阵感叹，感叹这座园林本应该是清朝繁荣的象征。

小Q：越想越难受。

姜sir：每一处建筑都是一部活生生的历史，在游览过程中，我们可以感受历史长河中时代的变化与兴衰。比如保定的淮军公所，是李鸿章为纪念淮军阵亡的将士而造的一组建筑，这里祭祀着不屈于日寇而临危服毒就义的丁汝昌、在甲午海战中拼死一搏的邓世昌，为抵御八国联军入侵，血战天津八里台英勇殉国的聂士成等。

小Q：这些英雄都特别值得纪念。

**姜 sir**：那么下一节我们就来说说清朝的这些爱国英雄。我们下节见。

## 274 苟利国家生死以

各位同学，大家好，我就是那个人见人爱、花见花开、车见车爆胎的姜 sir。

大家好，我就是那个负责问问题的小 Q 同学。

**姜 sir**：清朝末年，清政府腐败无能，屡屡做出卖国求荣的勾当，但中国人民却没有屈服，有很多人选择站了出来，哪怕是为了民族丢掉性命也在所不惜。

**小 Q**：我佩服左宗棠！

**姜 sir**：讲到左宗棠抬着棺材收复新疆的时候，我们已经了解了他的爱国情操。有人这样评价他的功绩："时列强割据，国土与国权齐丧，闻洋枪而股战，对红毛以屈膝，有一伟人生焉，万里出征，抬棺死战，驱外虏于西域，为民族第一功臣，此左宗棠也。"

小Q：我懂了，就是在很多人都怕洋人的时候，左宗棠将侵略者打了出去。

姜sir：当年左宗棠担任两江总督时，有一次带领数百士兵巡视上海。刚到上海地界，却发现路口设置了路障，不让通过，说他们带着武器，要想进入上海，需要提前和租界"照会"。

小Q：什么是租界？

姜sir：就是不平等条约下，把部分土地出租给另一国。当时左宗棠一听就生气了："上海本中国地，外人只租借尔。以我中国军人行中国之地，何照会之有？"这是中国的地盘，我和你打什么招呼！士兵们，腰杆给我挺直了，枪上膛，刀出鞘，谁敢阻拦，格杀勿论！洋人一看，吓坏了，一路再也没人敢拦。左宗棠当了两年两江总督，一共4次巡视上海，每次去，洋人都特别恭敬。

小Q：太霸气了，就需要这样的英雄。

姜sir：但也有悲情的英雄，比如邓世昌。1894年9月17日，北洋水师与日本联合舰队在黄海大东沟进行决战，大战中，担任指挥的旗舰被击伤，大旗被击落，邓世昌立即下令在自己的舰上升起旗帜，吸引敌舰。他指挥的"致远"号在战斗中最英勇，前后火炮一齐开火，连连击中日舰。日舰包围过来，"致远"号受了重伤，开始倾斜，主炮炮弹也打光了。邓世昌感到最后时刻到了,对部下说:"倭舰专恃吉野,苟沉是船,则我军可以集事!"他下令开足马力向日舰"吉野"号冲过去,要和它同归于尽。日军发现了"致远"号的企图,便集中火力,轰击"致远"号。最终,"致远"号在炮火下沉没,全舰252名官兵壮烈殉国。

**小Q:** 这些民族英雄,值得我们后人永远铭记。

**姜sir:** 邓世昌去世后,光绪皇帝写道:"此日漫挥天下泪,有公足壮海军威。"就是这样的英雄在告诉后人,我们宁愿死,也不畏惧任何敌人。比如在鸦片战争中抗击英军的爱国将领关天培,面对英军发起的猛攻,仍死守阵地,顽强抵抗,最终被枪弹击中,壮烈殉国。

**小Q:** 在那个武器装备完全落后的年代,这群人是真英雄。

**姜sir:** 还有刘铭传,台湾首任巡抚,率领台湾军民英勇抵抗法国舰队的侵略,经过艰苦的浴血战斗最终赶走法国舰队,捍卫了宝岛台湾;左宝贵,抗日英雄,在明知已经不能胜利的情况下,还是与敌人战斗到了生命的最后一刻,在左宝贵牺牲的地方,官兵们只找到了一件染满鲜血的衣服和一只靴子;刘永福,抗法援越英雄,率黑旗军帮助越南抗击法国军队,先后取得罗池大捷、纸桥大捷等。1883年,中法战争爆发,清政府正式收编刘永福的黑旗军为清朝正规军。

**小Q:** 原来打胜仗的时候还不是正规军呢,太厉害了。

姜sir：冯子材，晚清抗法将领，67岁在广西镇南关，身先士卒，奋不顾身地冲向法军阵地，取得了"镇南关大捷"。现在的广西钦州市还有"子材大街""子材大桥""子材学校""子材街道"。

小Q：就应该用各种各样的方式让后人记得这些英雄的名字。

姜sir：提到民族英雄，我们一定不能忘记林则徐。虎门销烟大快人心，可就是这样一位禁烟和抗英的英雄，后来却成了朝廷的一名"罪臣"，遭受了3年的流放。

小Q：为什么呢？

姜sir：英国发动了战争，然后要求清政府惩治林则徐，这时候的林则徐，不顾个人安危，还两次上奏，表明禁烟抗英的合理性，希望国家坚决开展禁烟运动、驱逐洋人、收缴鸦片。一些大臣为了讨好英国人，就造谣说英方愿意议和，他们恨的只有林则徐一人，只要严惩林则徐，英方就肯罢兵议和。

小Q：林则徐太委屈了。

姜sir：所以林则徐被发配边疆，在途中写下了经典的"苟利国家生死以，岂因祸福避趋之"，意思是只要对国家有利，即使牺牲自己生命也心甘情愿，绝不会因为自己可能受到祸害而躲开。

苟利国家生死以，岂因祸福避趋之

**小Q：** 这句诗我一定要背下来，这种爱国精神太值得我们学习了！

**姜sir：** 提到诗，我们就要说说清朝的文学了。我们知道清朝出了《红楼梦》这部顶级小说，除了它以外，还有哪些经典文学作品呢？我们下节见。

## 275 竹子不仅可以吃

各位同学,大家好,我就是那个人见人爱、花见花开、车见车爆胎的姜 sir。

大家好,我就是那个负责问问题的小 Q 同学。

**姜 sir**：上节小 Q 说要背林则徐的诗歌,其实清朝的整体文学水平是不低的,很多著名的文章、诗歌,包括文人都是值得我们记住的,比如某位特别喜欢竹子的大诗人、大画家、大书法家。

**小 Q**：我知道熊猫喜欢吃竹子,怎么这位也喜欢吃?

**姜 sir**：人家是喜欢竹子的品质,和吃无关,你听过"花中四君子"吗?

**小 Q**：难道是四位文人?

**姜 sir**：这个"四君子",可不是四个人,而是梅花、兰花、翠竹、菊花，也就是梅兰竹菊。

**小 Q**：这不是四种植物吗？怎么就四君子了？

**姜 sir**：因为人们在它们身上看到了像古代的君子一样的美好的品格。梅花，冬天迎寒而开，美丽却不和其他花朵去争，被用来象征傲然不屈的品格。这就是梅傲。

**小 Q**：我会背王安石的"墙角数枝梅，凌寒独自开"。

**姜 sir**：兰花，花朵颜色很淡，但清香、朴素的外表下却孕育内心的芬芳。兰花多生长于幽静偏僻的地方，十分低调，这就是兰幽。

**小 Q**：兰花的诗歌没怎么背过。

**姜 sir**："生无桃李春风面，名在山林处士家"，这是杨万里的诗句。而菊花，清丽淡雅、芳香袭人，而且具有傲霜斗雪的特征。这就是菊淡。

**小 Q**：我会背陶渊明的"采菊东篱下，悠然见南山"。

**姜 sir**：竹子，节节上升，像君子一样有气节。它笔直挺拔，像君子一样不卑不亢。这就是竹坚。

**小 Q**：我会背郑板桥的"咬定青山不放松，立根原在破岩中"。

**姜 sir**：我们前面说的喜欢竹子的那位，就是郑板桥。他本名叫郑燮（xiè），号板桥。郑板桥康熙年间考中秀才，雍正年间考中举人，乾隆年间考中进士。

**小Q**：当官之路横跨康乾盛世三个皇帝啊。

**姜sir**：郑板桥曾经和朋友说："宁可食无肉，不可居无竹。"可以说郑板桥的一生已经和竹子融为一体，竹子的品格都能够在郑板桥的身上体现出来。例如他刚刚当了县令的时候，就命人在官府墙上打了几个孔。

**小Q**：这有什么讲究吗？

**姜sir**：大家也问啊，郑板桥就说，之前的官府内充满了贪婪腐败的风气，太难闻了，打几个孔，通一通气。

**小Q**：看来郑板桥是个好官。

**姜sir**：清朝有一个说法，叫"三年清知府，十万雪花银"，就说明当时的贪官有多能贪污。郑板桥当官的时候，只能靠卖画为生。在他做官的时候，当地遇到了灾害，到处是民不聊生的惨状。于是郑板桥不经请示，命令富人开仓库赈灾，这引起了上级与富人的不满，最终被贬官回家。

**小Q**：郑板桥身上还真有竹子的那种君子特征。

**姜sir**：郑板桥，康熙举秀才，雍正中举人，乾隆考进士，跨越三朝，才华盖世，五十岁才做了个七品芝麻官。他以诗、书、画闻名于世，称"三绝"，书法作品"难得糊涂"流传到今天。

**小Q**：难得糊涂是什么意思？

**姜sir**：难得糊涂可不是遇到事情睁一只眼，闭一只眼，糊里糊涂的，而是一种胸怀、格局，不要过于计较，不要钻

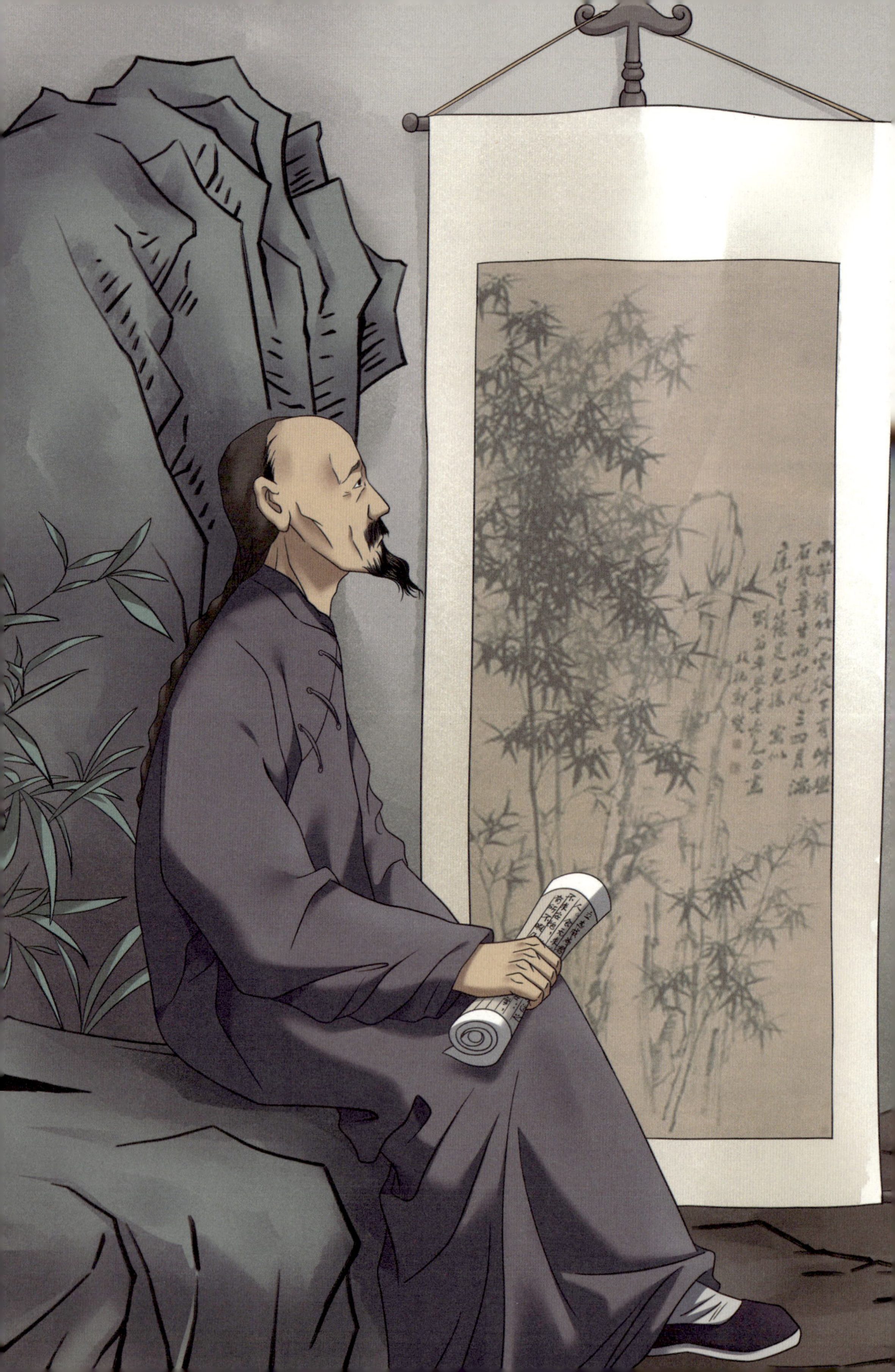

牛角尖，不要为一些小事情烦恼，要胸襟开阔，要快乐。

**小Q：**这样才能长寿。

**姜sir：**郑板桥虽然过得清贫，但活到了73岁。而另一位清朝的大才子却只活了30年。他出身满洲正黄旗。正黄旗可是皇帝亲自统领的上三旗之一，地位高贵。他的父亲是帮助康熙皇帝撤三藩、收台湾的纳兰明珠，母亲是顺治皇帝十三叔英亲王的女儿，曾祖父的妹妹是清太宗皇太极的妈妈。他18岁参加乡试考中举人，21岁考中进士，被康熙皇帝留在身边做了一等侍卫，每逢出席重大场合必定陪伴在康熙皇帝身边。

**小Q：**这简直就是含着"金汤匙"出生的人呀，他是谁呢？

**姜sir：**他就是被称为"清代第一词人"的纳兰性德，"人生若只如初见，何事秋风悲画扇"的名句就是他写出来的，包括《长相思·山一程》《画堂春·一生一代一双人》也都出自纳兰性德之手。

**小Q：**那他怎么才活了30岁呢？

**姜sir：**纳兰性德跟随康熙皇帝南巡，回到北京以后染病，各种医生都来救了，康熙皇帝也亲自派了医生，但最终无力回天。1685年7月1日，纳兰性德病逝。

**小Q：**太遗憾了，还是长寿点好。

**姜sir：**清朝其实还有很多有名的诗歌，比如赵翼的"江山代有才人出,各领风骚数百年";徐锡麟的"只解沙场为国死,何须马革裹尸还";高鼎的"儿童散学归来早,忙趁东风放纸鸢"。但清朝文学的最高成就还是小说,那么清朝又有哪些经典的小说呢?我们下节见。

## 276 奇异故事的背后

各位同学,大家好,我就是那个人见人爱、花见花开、车见车爆胎的姜 sir。

大家好,我就是那个负责问问题的小 Q 同学。

**姜 sir**:上节我们说了清朝的诗词,其实清朝在文学上大体承袭了明朝文学的发展趋势,主要成就在小说,于康乾时期达到了繁荣。这时期的长篇小说和短篇小说集一共有 150 部左右,其中康熙年间产生的文言短篇小说集《聊斋志异》和乾隆年间产生的长篇小说《儒林外史》《红楼梦》,一起将中国古代小说推向了最高峰。

**小 Q**:《红楼梦》我知道,另外两本是讲什么的?

**姜 sir**:《聊斋志异》简称《聊斋》。"聊斋"是书屋的名称,"志"是记述的意思,"异"指奇异的故事。合起来就是,作者在聊斋这个书屋记录的一些奇异的故事。

**小Q：**这个作者是谁呀？为什么要记录这些奇异的故事呢？

**姜sir：**这个作者叫蒲松龄，他除了这本《聊斋志异》外，还有一副特别有名的对联，就是"有志者、事竟成，破釜沉舟，百二秦关终属楚；苦心人、天不负，卧薪尝胆，三千越甲可吞吴"。

**小Q：**这不是项羽破釜沉舟和勾践卧薪尝胆的故事吗？

**姜sir：**蒲松龄就是想用项羽那种顽强拼搏、勇往直前和勾践那种刻苦自励、发愤图强的精神来激励自己。

**小Q：**那他应该当官去，怎么还在书屋收集奇异的故事了？

**姜sir：**《聊斋志异》共包含短篇小说491篇，内容非常丰富。表面是在讲妖狐神鬼的故事，但其实是批评当时社会的腐败、黑暗。

**小Q：**估计是不能直接说。姜sir讲一个故事，看看我能不能听出来批评了什么？

**姜sir：**《促织》讲了这样一个故事：明朝宣德年间，皇帝喜欢斗蟋蟀，底下那些污吏为了巴结皇帝，每年都要向老百姓征收蟋蟀。有一个叫成名的读书人，人很老实，征收蟋蟀的事就落在他的头上了。成名不愿逼迫老百姓，交不出蟋蟀，常要自己贴钱买，没多久他便赔光了家产。很快，又到了上缴蟋蟀的时间，成名交不出，被打了板子，几乎要给打死了。后来，他受到一位巫师的提点，终于抓到了一只上好的蟋蟀，欣喜地拿回家供起来了。

小Q：这下总可以交差了吧？

姜sir：唉，他的儿子一不小心把蟋蟀给弄死了。儿子害怕被父亲批评，就跳井自杀了。

小Q：都是皇帝喜欢蟋蟀闹的。

姜sir：等儿子被打捞起来时，夫妻俩用手一摸，发现儿子还有呼吸，只不过呆呆的，不想说话，就想睡觉。夫妻二人也就没在意儿子的变化，他们更担心没有蟋蟀无法交差。

小Q：因为一只蟋蟀，日子都没法过了。

姜sir：正在这个时候，成名听到了蟋蟀的叫声，循声而去，捉到了一只体形不大的蟋蟀。这只蟋蟀虽然貌不惊人，但是英勇无比，战无不胜。成名把这只蟋蟀送上去，县令把蟋蟀呈给了皇帝，这只蟋蟀在皇宫中比试，果然厉害。皇帝一高兴，就赏赐了县令，成名也得到了很多赏赐。

小Q：这结局还不错。

姜sir：故事还没结束。过了一年多，成名的儿子精神复原了。他说他变成一只蟋蟀，轻快而善于搏斗，到现在才苏醒过来。

小Q：啊？原来那蟋蟀是他儿子魂魄变的啊。

姜 sir：所以你看这则小故事，成名一个读书人，却要去负责抓蟋蟀。皇帝的一个小小爱好竟然影响到了老百姓一家的命运。一个这么小的孩子都要想办法把自己的魂魄变成蟋蟀，为改变一家的命运去搏击，去厮杀。

小 Q：看起来是个奇异的故事，其实是在讽刺国家社会的黑暗。

姜 sir：说到讽刺，清朝另一部著名的小说《儒林外史》就更厉害了，那可是我国文学史上最杰出的现实主义的长篇讽刺小说之一。

小 Q：什么叫讽刺小说？

姜 sir：就是用嘲讽的手法去批评生活中不好的现象的小说。比如《儒林外史》里的严监生，病重到已经三天不能说话了，眼看着人就要不行了，严监生喉咙里痰响得一进一出的，却总不得断气，还把手从被单里拿出来，伸着两个指头。

小 Q：是在说"耶"吗？

姜 sir：人都要死了，说什么"耶"呀！全家人就都开始猜他这两根手指的意思。大侄子猜测他还有两个亲人没见面，二侄子猜测他还有两笔银子不曾吩咐明白，奶妈猜测他是因为两位舅爷不在眼前，只有他老婆明白："别人都说的不相干，只有我晓得你的意思！"……"你是为那灯盏里点的是两茎灯草不放心，恐费了油，我如今挑掉一茎就是了。"说完，挑

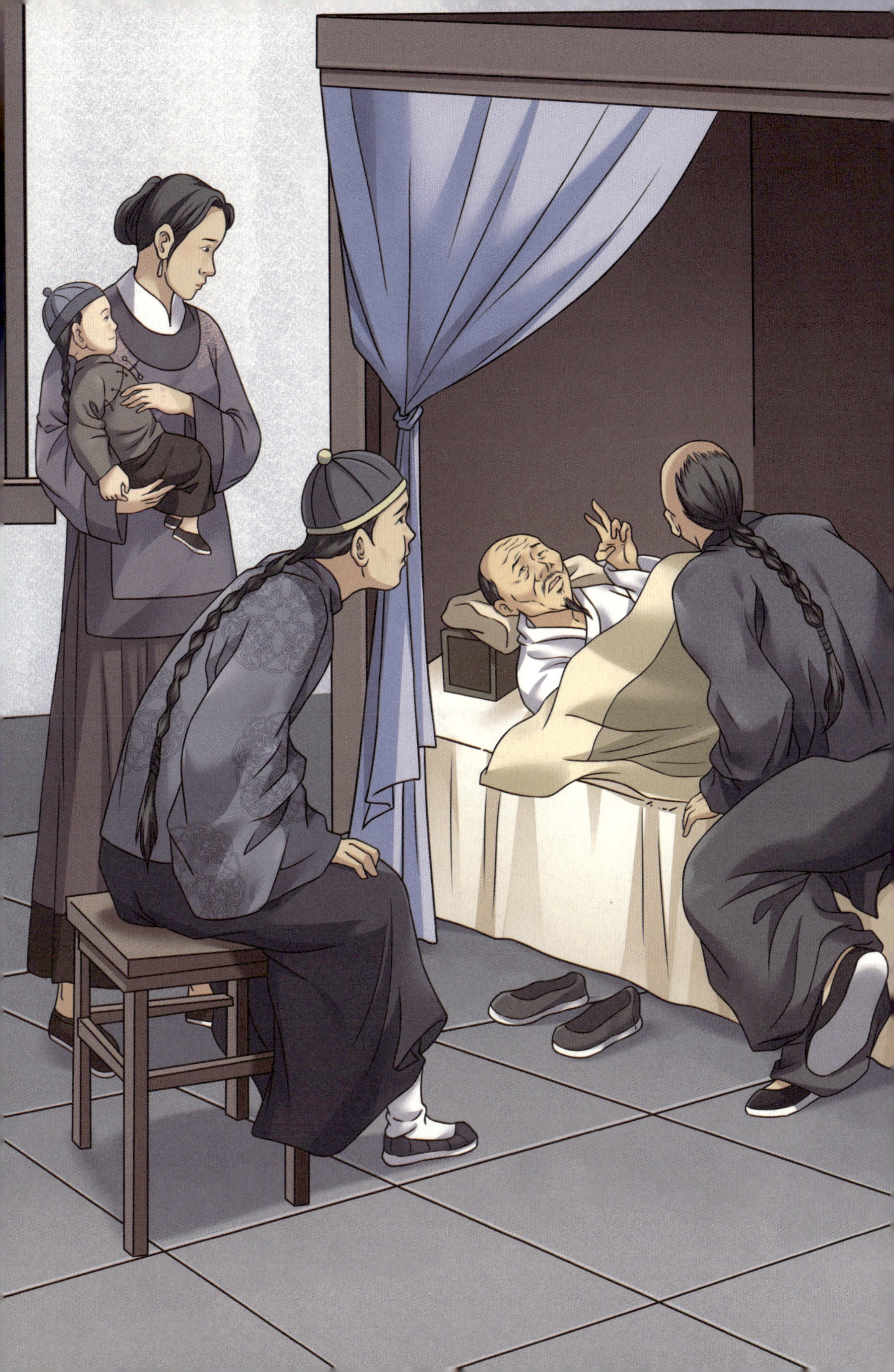

掉一茎灯草，严监生果然点一点头，把手垂下，没了气息。

**小Q**：就为了省点儿油啊，这也太抠门了。

**姜sir**：这就是讽刺，用比喻、夸张等手法批评一些现象。书名《儒林外史》中的"儒林"代表读书人，意思是这本书是和文化圈有关的事情，"外史"相对的是"正史"，意思就是我这是野史，别当真。

**小Q**：这种形式挺有意思。

**姜sir**：清朝还有很多优秀的文学作品，比如侠义小说《三侠五义》、历史演义小说《说岳全传》、自传体随笔《浮生六记》，谴责小说《二十年目睹之怪现状》《官场现形记》，等等。

好了，清朝我们就总结到这里。小Q，随着清朝的结束，我们也即将要和小朋友们说再见了，咱们最后一节见。

## 277 尾声

> 各位同学，大家好，我就是那个人见人爱、花见花开、车见车爆胎的姜 sir。

> 大家好，我就是那个负责问问题的小 Q 同学。

**姜 sir：**各位亲爱的同学们，一转眼就到了最后一节了，原本计划讲 200 节，后来发现可能要多一点点，想不到这"一点点"就"多"到了 277 节。

**小 Q：**你要是继续讲下去，我也不会反对。

**姜 sir：**哈哈！谢谢小 Q 的支持！历史是已经过去的人和事，已经发生的事不仅不会改变，甚至很多都有争议，那为什么我们还要去学历史呢？

**小 Q：**我觉得通过学习历史，我们能够掌握很多历史规律，少走一些弯路。

姜 sir：对啊，比如"分久必合，合久必分"就是一条经典的历史规律。春秋战国、三国乱世、南北朝、五代十国，都是著名的合久必分。可"分"得一旦久了，最终也都会走向"合"！

小 Q：从秦朝到清朝，就是对这句话的完美演绎。

姜 sir：第二个规律——祸起萧墙，意思就是祸乱产生于内部。其实很多朝代的灭亡都和自身有着非常大的关系，翻开中国历史就会发现，中国古代内乱频繁，不仅仅是动刀动枪的战争，还包括内部超级剧烈的权力斗争！

小 Q：确实，大臣之间也斗争，皇族为了皇位也斗争。

姜 sir："以史为鉴，可以知兴替"，总结历史经验教训，就可以尽量避免历史悲剧的重演。汉朝吸取了秦朝灭亡的教训，注意与民休养生息，成就了大汉盛世。李世民从隋朝的覆亡中看到了人民的力量，总结出了"水可载舟，亦可覆舟"的道理，开创了辉煌的"贞观之治"。

小 Q：多读书，感觉头脑都会变灵活。

姜 sir：学历史，我们学的是思维。我们要透过历史现象看到事情发展的本质。去思考，为什么会发生这件事情，如果让我们身处当时那个情况下，自己会怎么做？这就叫思辨能力。千万不要仅仅把历史当作一个一个知识点去背。

小 Q：反对死记硬背！

**姜 sir**：左宗棠曾经说过这样一段话："读书时，须细看古人处一事，接一物，是如何思量？如何气象？及自己处事接物时，又细心将古人比拟。"这就是说，要和古人换位思考。我经常听到有些孩子很喜欢把"起义造反"挂在嘴边，觉得换作自己也一定很轻松就能做到。小 Q，你现在还觉得轻松吗？

**小 Q**：太难了，别说起义造反，就算现在让我当皇帝我都不干。

**姜 sir**：历史不只是历史事件的简单记录，也是民族精神和民族文化的传承载体。只有学习历史，才能了解自己这个民族的过去都经历了什么。屈原投江明志、霍去病抗击匈奴、岳飞精忠报国、文天祥舍生取义、谭嗣同慷慨赴死……这些人的精神就逐步凝结成了我们的民族精神。

**小 Q**：每次读到一些英雄人物事迹的时候，我都特别感动。

**姜 sir**：在我们悠久而辉煌的历史上，还诞生了无数美丽的神话以及《诗经》《楚辞》、唐诗、宋词、元曲、明清小说等非凡的文学作品和成就。它们丰富了我们的精神世界，展现了我们这个民族无与伦比的想象力。

**小 Q**：我再也不觉得这些文学知识枯燥了。

**姜 sir**：历史不是只有帝王将相，皇家的那点儿事，历史有太多内容了，有诗歌、有书籍、有游戏、有天气、有服装、有武器……它应该是多元化的。所以我希望以一个时间轴为线索，从神话一直到清朝结束，为大家建立一个框架。而小朋友们可以通过读书、参观博物馆、访问名胜古迹等各种各样的形式，对这个框架去进行填充，让你的知识丰富起来，让你变成一个知识渊博的人。

好了，各位同学，我们的课程到这里就全部结束了！我就是那个人见人爱，花见花开，车见车爆胎的姜sir。再见了！